DU FEHLST ...

Du fehlst ...
Meine Gedanken in der Trauer

© 2015 Verlag Friedrich Bischoff GmbH, Neu-Isenburg
Alle Rechte vorbehalten

Die verwendeten Bibelzitate sind entnommen aus: Die Bibel nach der Übersetzung Martin Luthers in der revidierten Fassung von 1984. Durchgesehene Ausgabe in neuer Rechtschreibung. © 1999 Deutsche Bibelgesellschaft, Stuttgart. www.die-bibel.de

Konzeption und Textauswahl: Jürg Meier, Basel
Lektorat: Wolfgang Schuster
Gestaltung: Bischoff Verlag, Neu-Isenburg
Umschlagbild: © lola1960 – Fotolia.com
Satz: Bischoff Verlag, Neu-Isenburg
Gesamherstellung: Friedrich Pustet, Regensburg
Best.-Nr. 352 002
ISBN 978-3-943980-38-7

www.bischoff-verlag.de

Vorwort

Den Verlust eines geliebten Menschen zu verarbeiten, braucht Zeit. Und wenn der Verlust „plötzlich und unerwartet" erfolgte, hat der trauernde Mensch häufig das Gefühl, der Boden sei ihm unter den Füßen weggerissen.

In dieser Situation hilft es, auf Rituale zurückzugreifen, die helfen können, die Trauer zu bewältigen. Eine Form des Rituals kann das Führen eines Trostbuchs oder Tagebuchs sein, wie es hier vorliegt. Es ist auf die Dauer eines Jahres angelegt und enthält zu jedem Tag einen einfühlsamen Sinnspruch oder Bibelvers.

Der Spruch oder Impuls für den Tag bietet die Möglichkeit, den Tag, der vor einem liegt, unter dieses Motto zu stellen. Vielleicht findet er Ihre Zustimmung, vielleicht auch Ihren Widerspruch, aber der Gedanke kann Ihrem Tag eine bestimmte Richtung geben.

Die Fragen „Wenn ich an unsere gemeinsame Zeit zurückdenke, dann freut mich heute ganz besonders ..." und „Ich fühle mich heute nicht so gut/gut, weil ..." mögen nicht als Einengung verstanden werden. Sie sollen eine Struktur vorgeben, an der Sie sich ausrichten können. Hier können liebe Erinnerungen und schöne und wertvolle gemeinsame Momente und Erlebnisse mit dem verlorenen Menschen festgehalten werden. Die Frage nach dem aktuellen Gefühlszustand verhilft zur Bewusstheit der eigenen Gefühlslage.

Die Bibelstellen folgen dem Jahresbibelleseplan der Deutschen Bibelgesellschaft, mit dem man in einem Jahr die wichtigsten Stellen der Bibel lesen kann. Die genannten Bibelstellen verstehen sich als Angebot; wer möchte, mag alle Bibelstellen eines Tages lesen oder vielleicht nur die eine oder andere. Bewusst soll der Trauernde auch zum aktuellen Wetter Stellung nehmen. Oft ist die eigene Befindlichkeit an das Wetter gekoppelt. Nimmt man das Wetter bewusst wahr, stellt man möglicherweise fest, dass eine gewisse „Wetterabhängigkeit" der Trauer bestehen kann.

Bei der Begleitung Trauernder erlebe ich als Seelsorger der Neuapostolischen Kirche immer wieder, wie der Trauernde dazu neigt, sich in seine Trauer zurückzuziehen und sich zu „verkriechen". Oft ist er dann nicht in der Lage, von sich aus – etwa telefonisch – mit Außenstehenden Kontakt aufzunehmen.

Es ist aber sinnvoll, aufzuzeichnen, ob man mit jemandem telefoniert oder ihm sogar geschrieben hat (ob Brief oder E-Mail ist egal) oder einen Anruf, Brief oder eine E-Mail erhalten hat.

Die Aufzeichnungen machen Ihnen deutlich, dass Sie doch nicht so sehr verlassen sind, wie Sie sich in Ihrer Trauer vorkommen. Die Notizen können Ihnen helfen, sich daran zu erinnern, dass Sie Mensch unter Menschen sind, auch in dieser Situation. Schließlich dient der Hinweis „Ich rufe an", sich selbst aktiv um die Kontaktaufnahme mit Außenstehenden zu bemühen.

Das „Buch mit den persönlichen Gedanken in der Trauer" soll keineswegs als Pflichtübung verstanden werden. Es ist vielmehr ein Begleiter und ein Hilfsmittel, die Trauer besser zu verarbeiten und zu bewältigen. Die helfende Wirkung des Buchs entfaltet sich, wenn es über eine längere Zeit genutzt wird.

So möge das Trostbuch mit seinen Texten und Impulsen und Ihren Gedanken in der Trauer Ihnen Begleitung und Hilfe durch das erste Jahr Ihrer Trauer sein.

Herzlichst
Jürg Meier

Zum Herausgeber
Jürg Meier, Pfeffingen (Schweiz), ist Bezirksältester im Kirchenbezirk Basel. Eine seiner Töchter kam als Kind nach einem Verkehrsunfall ums Leben. Im Jahr 2010 leitet er erstmals einen Trauerkreis; seit dem Jahr 2014 regelmäßig. Er ist promovierter Biologe, Titularprofessor an der Universität Basel und dort Lehrbeauftragter an der naturwissenschaftlichen und wirtschaftswissenschaftlichen Fakultät. Seit 2001 ist er Inhaber einer Ausbildungs- und Beratungsfirma für Führungskräfte.

Dieses Buch bewahrt die Erinnerung an:

_____

Aufgeschrieben von:

_____

DATUM

Lass uns jeden Morgen spüren, dass du uns hältst.

Dietrich Bonhoeffer

Wenn ich an unsere Zeit zurückdenke, dann freut mich heute ganz besonders
___
___
___
___
___

Ich fühle mich heute nicht so gut/gut, weil ___
___
___
___
___

Heute lese ich Ps 33,1–5; 1Mo 1,1–2,25; Mk 1,1–13

Ich rufe an/Ich wurde angerufen von ___ und
das hat mich berührt ___
___
___
___

Das Wetter heute*   Mein Barometer der Gefühle*

* Datum eintragen bzw. Zutreffendes unterstreichen oder einkreisen

Gelobt sei Gott, der Vater unseres Herrn Jesus Christus, der Vater der Barmherzigkeit und Gott allen Trostes, der uns tröstet in aller unserer Trübsal, damit wir auch trösten können, die in allerlei Trübsal sind, mit dem Trost, mit dem wir selber getröstet werden von Gott.

2. Korinther 1,3.4

Wenn ich an unsere Zeit zurückdenke, dann freut mich heute ganz besonders

_____
_____
_____
_____
_____

Ich fühle mich heute nicht so gut/gut, weil _____

_____
_____
_____
_____

Heute lese ich Ps 33,6–12; 1Mo 3,1–6,4; Mk 1,14–39

Ich rufe an/Ich wurde angerufen von _____ und

das hat mich berührt _____

_____
_____
_____

Das Wetter heute

Mein Barometer der Gefühle

*Vielleicht heißt „leiden" nichts anderes
als ein tieferes Leben führen.*

Alexandre Rodolphe Vinet

Wenn ich an unsere Zeit zurückdenke, dann freut mich heute ganz besonders

_____
_____
_____
_____
_____

Ich fühle mich heute nicht so gut/gut, weil _____

_____
_____
_____
_____

Heute lese ich Ps 33,13–22; 1Mo 6,5–7,24; Mk 1,40–2,17

Ich rufe an/Ich wurde angerufen von _____ und

das hat mich berührt _____

_____
_____
_____

Das Wetter heute   Mein Barometer der Gefühle

Jeder Seufzer bringt mich dem Himmel näher.

Hildegard von Bingen

Wenn ich an unsere Zeit zurückdenke, dann freut mich heute ganz besonders

_____

_____

_____

_____

_____

Ich fühle mich heute nicht so gut/gut, weil _____

_____

_____

_____

_____

Heute lese ich Ps 34,1–7; 1Mo 8,1–9,29; Mk 2,18–3,12

Ich rufe an/Ich wurde angerufen von _____ und

das hat mich berührt _____

_____

_____

_____

Das Wetter heute   Mein Barometer der Gefühle

Es münden alle Pfade durch Schicksal, Schuld und Tod doch ein in Gottes Gnade, trotz aller unsrer Not.

Arno Pötzsch

Wenn ich an unsere Zeit zurückdenke, dann freut mich heute ganz besonders

_____
_____
_____
_____
_____

Ich fühle mich heute nicht so gut/gut, weil _____

_____
_____
_____

Heute lese ich Ps 34,8–11; 1Mo 10,1–11,32; Mk 3,13–35

Ich rufe an/Ich wurde angerufen von _____ und

das hat mich berührt _____

_____
_____
_____

Das Wetter heute

Mein Barometer der Gefühle

Nichts hat in der Welt Bestand: Was da kommt, muss scheiden, und so reichen sich die Hand immer Freud und Leiden.

August Heinrich Hoffmann von Fallersleben

DATUM

Wenn ich an unsere Zeit zurückdenke, dann freut mich heute ganz besonders

_____
_____
_____
_____
_____

Ich fühle mich heute nicht so gut/gut, weil _____

_____
_____
_____
_____

Heute lese ich Ps 34,12–15; 1Mo 12,1–13,18; Mk 4,1–20

Ich rufe an/Ich wurde angerufen von _____ und

das hat mich berührt _____

_____
_____
_____

Das Wetter heute

Mein Barometer der Gefühle

Herr, ich traue auf dich, lass mich nimmermehr zuschanden werden.

Psalm 71,1

Wenn ich an unsere Zeit zurückdenke, dann freut mich heute ganz besonders

_____
_____
_____
_____
_____

Ich fühle mich heute nicht so gut/gut, weil _____

_____
_____
_____
_____

Heute lese ich Ps 34,16–23; 1Mo 14,1–15,21; Mk 4,21–41

Ich rufe an/Ich wurde angerufen von _____ und

das hat mich berührt _____

_____
_____
_____

Das Wetter heute

Mein Barometer der Gefühle

Kein Leid ist sinnlos. Immer gründet es in der Weisheit Gottes.
Augustinus

Wenn ich an unsere Zeit zurückdenke, dann freut mich heute ganz besonders

_____
_____
_____
_____
_____

Ich fühle mich heute nicht so gut/gut, weil _____

_____
_____
_____
_____

Heute lese ich Ps 35,1–10; 1Mo 16,1–18,15; Mk 5,1–20

Ich rufe an/Ich wurde angerufen von _____ und

das hat mich berührt _____

_____
_____
_____

Das Wetter heute

Mein Barometer der Gefühle

Nur durch Leiden und Gram erlernen wir jene Weisheit, die man nicht aus Büchern lernen kann.

Aus Japan

Wenn ich an unsere Zeit zurückdenke, dann freut mich heute ganz besonders

_____
_____
_____
_____
_____

Ich fühle mich heute nicht so gut/gut, weil _____

_____
_____
_____
_____

Heute lese ich Ps 35,11–16; 1Mo 18,16–19,38; Mk 5,21–43

Ich rufe an/Ich wurde angerufen von _____ und

das hat mich berührt _____

_____
_____
_____

Das Wetter heute

Mein Barometer der Gefühle

Tröste dich, die Stunden eilen, und was all dich drücken mag, auch das Schlimmste kann nicht weilen, und es kommt ein andrer Tag.

Theodor Fontane

Wenn ich an unsere Zeit zurückdenke, dann freut mich heute ganz besonders
_____
_____
_____
_____
_____

Ich fühle mich heute nicht so gut/gut, weil _____
_____
_____
_____
_____

Heute lese ich Ps 35,17–25; 1Mo 20,1–21,34; Mk 6,1–13

Ich rufe an/Ich wurde angerufen von _____ und

das hat mich berührt _____
_____
_____
_____

Das Wetter heute   Mein Barometer der Gefühle

Für alles, was war – danke! Zu allem, was sein wird – ja!

Dag Hammerskjöld

Wenn ich an unsere Zeit zurückdenke, dann freut mich heute ganz besonders

_____
_____
_____
_____
_____

Ich fühle mich heute nicht so gut/gut, weil _____

_____
_____
_____
_____

Heute lese ich Ps 35,26–28; 1Mo 22,1–23,20; Mk 6,14–29

Ich rufe an/Ich wurde angerufen von _____ und

das hat mich berührt _____

_____
_____
_____

Das Wetter heute

Mein Barometer der Gefühle

Wir wollen beten, dass Gott uns Kraft gibt, alles würdig zu tragen, was er uns auferlegt hat.

Hans Urwyler

DATUM

Wenn ich an unsere Zeit zurückdenke, dann freut mich heute ganz besonders
_____
_____
_____
_____
_____

Ich fühle mich heute nicht so gut/gut, weil _____
_____
_____
_____
_____

Heute lese ich Ps 36,1–7; 1Mo 24,1–67; Mk 6,30–44

Ich rufe an/Ich wurde angerufen von _____ und

das hat mich berührt _____
_____
_____
_____

Das Wetter heute

Mein Barometer der Gefühle

DATUM

Man muss aufhören können zu fragen, im Täglichen wie im Ewigen.

Christian Morgenstern

Wenn ich an unsere Zeit zurückdenke, dann freut mich heute ganz besonders
_____
_____
_____
_____
_____

Ich fühle mich heute nicht so gut/gut, weil _____
_____
_____
_____
_____

Heute lese ich Ps 36,8–13; 1Mo 25,1–26,35; Mk 6,45–56

Ich rufe an/Ich wurde angerufen von _____ und

das hat mich berührt _____
_____
_____
_____

Das Wetter heute

Mein Barometer der Gefühle

Manchmal scheint die ganze Welt entvölkert zu sein, wenn ein einziger Mensch fehlt.

Alphonse de Lamartine

DATUM

Wenn ich an unsere Zeit zurückdenke, dann freut mich heute ganz besonders

_____
_____
_____
_____
_____

Ich fühle mich heute nicht so gut/gut, weil _____

_____
_____
_____
_____

Heute lese ich Ps 37,1–4; 1Mo 27,1–28,22; Mk 7,1–23

Ich rufe an/Ich wurde angerufen von _____ und

das hat mich berührt _____

_____
_____
_____

Das Wetter heute   Mein Barometer der Gefühle

Wir möchten schreien und bringen kein Wort heraus.
Wir möchten weglaufen und sind gelähmt vor Trauer.

unbekannt

Wenn ich an unsere Zeit zurückdenke, dann freut mich heute ganz besonders

___

Ich fühle mich heute nicht so gut/gut, weil

___

Heute lese ich Ps 37,5–11; 1Mo 29,1–30,43; Mk 7,24–37

Ich rufe an/Ich wurde angerufen von _____ und das hat mich berührt

___

Das Wetter heute

Mein Barometer der Gefühle

Der Schmerz ist der große Lehrer der Menschen. Unter seinem Hauche entfalten sich die Seelen.

Marie von Ebner-Eschenbach

DATUM

Wenn ich an unsere Zeit zurückdenke, dann freut mich heute ganz besonders
_____
_____
_____
_____
_____

Ich fühle mich heute nicht so gut/gut, weil _____
_____
_____
_____
_____

Heute lese ich Ps 37,12–20; 1Mo 31,1–33,20; Mk 8,1–21

Ich rufe an/Ich wurde angerufen von _____ und

das hat mich berührt _____
_____
_____
_____

Das Wetter heute

Mein Barometer der Gefühle

DATUM

Es gibt Tage, an denen man so traurig ist, dass man sich noch trauriger machen möchte.

Claude Flaubert

Wenn ich an unsere Zeit zurückdenke, dann freut mich heute ganz besonders

_____
_____
_____
_____
_____

Ich fühle mich heute nicht so gut/gut, weil _____

_____
_____
_____
_____

Heute lese ich Ps 37,21–29 ; 1Mo 34,1–36,43; Mk 8,22–9,1

Ich rufe an/Ich wurde angerufen von _____ und

das hat mich berührt _____
_____
_____
_____

Das Wetter heute   Mein Barometer der Gefühle

Die Angst meines Herzens ist groß; führe mich aus meinen Nöten!
Psalm 25,17

Wenn ich an unsere Zeit zurückdenke, dann freut mich heute ganz besonders
_____
_____
_____
_____
_____

Ich fühle mich heute nicht so gut/gut, weil _____
_____
_____
_____
_____

Heute lese ich Ps 37,30–34; 1Mo 37,1–38,30; Mk 9,2–13

Ich rufe an/Ich wurde angerufen von _____ und

das hat mich berührt _____
_____
_____
_____

Das Wetter heute   Mein Barometer der Gefühle

Ich nehme es, wie Gott es fügt.
Edith Stein

Wenn ich an unsere Zeit zurückdenke, dann freut mich heute ganz besonders

_____
_____
_____
_____
_____

Ich fühle mich heute nicht so gut/gut, weil _____
_____
_____
_____
_____

Heute lese ich Ps 37,35–40; 1Mo 39,1–40,23; Mk 9,14–29

Ich rufe an/Ich wurde angerufen von _____ und

das hat mich berührt _____
_____
_____
_____

Das Wetter heute   Mein Barometer der Gefühle

Wenn die Tränen strömen, lässt der Schmerz langsam nach.
unbekannt

Wenn ich an unsere Zeit zurückdenke, dann freut mich heute ganz besonders

_____

_____

_____

_____

Ich fühle mich heute nicht so gut/gut, weil _____

_____

_____

_____

_____

Heute lese ich Ps 38,1–9; 1Mo 41,1–42,38; Mk 9,30–50

Ich rufe an/Ich wurde angerufen von _____ und

das hat mich berührt _____

_____

_____

_____

Das Wetter heute   Mein Barometer der Gefühle

DATUM

In der Tiefe eurer Hoffnungen und Wünsche liegt euer stilles Wissen um das Jenseits.

Khalil Gibran

Wenn ich an unsere Zeit zurückdenke, dann freut mich heute ganz besonders
___
___
___
___
___

Ich fühle mich heute nicht so gut/gut, weil ___
___
___
___
___

Heute lese ich Ps 38,10–18; 1Mo 43,1–45,28; Mk 10,1–16

Ich rufe an/Ich wurde angerufen von ___ und

das hat mich berührt ___
___
___
___

Das Wetter heute

Mein Barometer der Gefühle

Was im weinenden Auge mir oft die Träne zurückhält, ist ein spielendes Kind oder ein Vogel im Flug.

unbekannt

DATUM

Wenn ich an unsere Zeit zurückdenke, dann freut mich heute ganz besonders

_____
_____
_____
_____
_____

Ich fühle mich heute nicht so gut/gut, weil _____
_____
_____
_____
_____

Heute lese ich Ps 38,19–23; 1Mo 46,1–47,26; Mk 10,17–34

Ich rufe an/Ich wurde angerufen von _____ und

das hat mich berührt _____
_____
_____
_____

Das Wetter heute

Mein Barometer der Gefühle

 *Ein Sonnenstrahl reicht nicht hin, um viel Dunkel zu erhellen.*

Franz von Assisi

Wenn ich an unsere Zeit zurückdenke, dann freut mich heute ganz besonders

_____
_____
_____
_____
_____

Ich fühle mich heute nicht so gut/gut, weil _____

_____
_____
_____
_____

Heute lese ich Ps 39,1–7; 1Mo 47,27–49,28; Mk 10,35–52

Ich rufe an/Ich wurde angerufen von _____ und

das hat mich berührt _____

_____
_____
_____

Das Wetter heute

Mein Barometer der Gefühle

Willst du getröstet werden, so vergiss derer, denen es besser geht und denke immer an die, denen es schlimmer ist.

Meister Eckhart

Wenn ich an unsere Zeit zurückdenke, dann freut mich heute ganz besonders

_____
_____
_____
_____
_____
_____

Ich fühle mich heute nicht so gut/gut, weil _____

_____
_____
_____
_____

Heute lese ich Ps 39,8–14; 1Mo 49,1–50,26; 2Mo 1,1– 2,10; Mk 11,1–33

Ich rufe an/Ich wurde angerufen von _____ und

das hat mich berührt _____

_____
_____
_____

Das Wetter heute

Mein Barometer der Gefühle

Lerne zu leiden, ohne zu klagen, das ist das Einzige, was ich lehren kann.

Friedrich der Große

Wenn ich an unsere Zeit zurückdenke, dann freut mich heute ganz besonders

_____
_____
_____
_____
_____

Ich fühle mich heute nicht so gut/gut, weil _____
_____
_____
_____
_____

Heute lese ich Ps 111,1–5; 2Mo 2,11–4,31; Mk 12,1–12

Ich rufe an/Ich wurde angerufen von _____ und

das hat mich berührt _____
_____
_____
_____

Das Wetter heute   Mein Barometer der Gefühle

Traurigkeit ist nicht ungesund – sie hindert uns, abzustumpfen.
George Sand

Wenn ich an unsere Zeit zurückdenke, dann freut mich heute ganz besonders

_____

_____

_____

_____

_____

Ich fühle mich heute nicht so gut/gut, weil _____

_____

_____

_____

_____

Heute lese ich Ps 111,6–10; 2Mo 5,1–6,30; Mk 12,13–27

Ich rufe an/Ich wurde angerufen von _____ und

das hat mich berührt _____

_____

_____

_____

Das Wetter heute

Mein Barometer der Gefühle

DATUM

Anfangs wollt ich fast verzagen, und ich glaubt, ich trüg es nie; und ich hab es doch getragen -, aber fragt mich nur nicht wie?

Heinrich Heine

Wenn ich an unsere Zeit zurückdenke, dann freut mich heute ganz besonders
_____
_____
_____
_____
_____

Ich fühle mich heute nicht so gut/gut, weil _____
_____
_____
_____
_____

Heute lese ich Ps 110,1–7; 2Mo 7,1–8,28; Mk 12,28–44

Ich rufe an/Ich wurde angerufen von _____ und das hat mich berührt _____
_____
_____
_____

Das Wetter heute

Mein Barometer der Gefühle

Wenn sich zwei Herzen scheiden, die sich dereinst geliebt,
das ist ein großes Leiden, wie's größ'res nimmer gibt.

Gustav Pressel

Wenn ich an unsere Zeit zurückdenke, dann freut mich heute ganz besonders

_____

_____

_____

_____

Ich fühle mich heute nicht so gut/gut, weil _____

_____

_____

_____

Heute lese ich Ps 135,1–4; 2Mo 9,1–11,10; Mk 13,1–23

Ich rufe an/Ich wurde angerufen von _____ und

das hat mich berührt _____

_____

_____

Das Wetter heute   Mein Barometer der Gefühle

Ihr sollt nicht um mich weinen. Ich habe ja gelebt.

unbekannt

Wenn ich an unsere Zeit zurückdenke, dann freut mich heute ganz besonders

_____
_____
_____
_____
_____

Ich fühle mich heute nicht so gut/gut, weil _____

_____
_____
_____
_____

Heute lese ich Ps 135,5–12; 2Mo 12,1–13,22; Mk 13,24–37

Ich rufe an/Ich wurde angerufen von _____ und

das hat mich berührt _____

_____
_____
_____

Das Wetter heute   Mein Barometer der Gefühle

Falle nicht in den Abgrund des Trübsinns, sondern bete und vertraue, dass Gott dich nicht verlasse, und bald wird dir zu deiner Befreiung die Morgenröte aufgehen.

Hildegard von Bingen

DATUM

Wenn ich an unsere Zeit zurückdenke, dann freut mich heute ganz besonders

_____
_____
_____
_____
_____

Ich fühle mich heute nicht so gut/gut, weil _____

_____
_____
_____
_____

Heute lese ich Ps 135,13–21; 2Mo 14,1–15,27; Mk 14,1–11

Ich rufe an/Ich wurde angerufen von _____ und

das hat mich berührt _____

_____
_____
_____

Das Wetter heute

Mein Barometer der Gefühle

Du kannst nicht tiefer fallen als nur in Gottes Hand, die er zum Heil uns allen barmherzig ausgespannt.

Arno Pötzsch

Wenn ich an unsere Zeit zurückdenke, dann freut mich heute ganz besonders
_____
_____
_____
_____
_____

Ich fühle mich heute nicht so gut/gut, weil _____
_____
_____
_____
_____

Heute lese ich Ps 136,1–9; 2Mo 16,1–18,27; Mk 14,12–25

Ich rufe an/Ich wurde angerufen von _____ und

das hat mich berührt _____
_____
_____
_____

Das Wetter heute   Mein Barometer der Gefühle

Der Tod der Mutter ist der erste Kummer, den man ohne sie beweint.

Jean-Antoine Petit-Senn

Wenn ich an unsere Zeit zurückdenke, dann freut mich heute ganz besonders
___
___
___
___
___
___

Ich fühle mich heute nicht so gut/gut, weil ___
___
___
___
___

Heute lese ich Ps 136,10–15; 2Mo 19,1–20,21; Mk 14,26–52

Ich rufe an/Ich wurde angerufen von ___ und

das hat mich berührt ___
___
___
___

Das Wetter heute · · · · · · · Mein Barometer der Gefühle

Ich weiß wohl, was ich für Gedanken über euch habe, spricht der Herr: Gedanken des Friedens und nicht des Leides, dass ich euch gebe das Ende, des ihr wartet.

Jeremia 29,11

Wenn ich an unsere Zeit zurückdenke, dann freut mich heute ganz besonders
___
___
___
___
___

Ich fühle mich heute nicht so gut/gut, weil ___
___
___
___

Heute lese ich Ps 136,16–26; 2Mo 20,22–22,30; Mk 14,53–72

Ich rufe an/Ich wurde angerufen von ___ und

das hat mich berührt ___
___
___
___

Das Wetter heute

Mein Barometer der Gefühle

Gott hilft uns nicht immer am Leiden vorbei, aber er hilft uns hindurch.

Johann Albrecht Bengel

DATUM

Wenn ich an unsere Zeit zurückdenke, dann freut mich heute ganz besonders
_____
_____
_____
_____
_____

Ich fühle mich heute nicht so gut/gut, weil _____
_____
_____
_____
_____

Heute lese ich Ps 119,1–8; 2Mo 23,1–24,18; Mk 15,1–20a

Ich rufe an/Ich wurde angerufen von _____ und

das hat mich berührt _____
_____
_____

Das Wetter heute

Mein Barometer der Gefühle

Ein Lachen in der Freude und den Mut, im Kummer zu weinen – das wünsche ich dir.

unbekannt

Wenn ich an unsere Zeit zurückdenke, dann freut mich heute ganz besonders

_____

_____

_____

_____

Ich fühle mich heute nicht so gut/gut, weil _____

_____

_____

_____

Heute lese ich Ps 119,9–16; 2Mo 25,1–26,37; Mk 15,20b–47

Ich rufe an/Ich wurde angerufen von _____ und

das hat mich berührt _____

_____

_____

_____

Das Wetter heute

Mein Barometer der Gefühle

Es nimmt der Augenblick, was Jahre geben.

Johann Wolfgang von Goethe

Wenn ich an unsere Zeit zurückdenke, dann freut mich heute ganz besonders

_____

_____

_____

_____

Ich fühle mich heute nicht so gut/gut, weil _____

_____

_____

_____

Heute lese ich Ps 119,17–24; 2Mo 27,1–29,37; Mk 16,1–8

Ich rufe an/Ich wurde angerufen von _____ und

das hat mich berührt _____

_____

_____

Das Wetter heute   Mein Barometer der Gefühle

Der Schmerz kann mich zu Boden werfen, aber überwältigen kann er mich nicht.

Friedrich Hölderlin

Wenn ich an unsere Zeit zurückdenke, dann freut mich heute ganz besonders

_____

_____

_____

_____

_____

Ich fühle mich heute nicht so gut/gut, weil _____

_____

_____

_____

Heute lese ich Ps 119,25–32; 2Mo 29,38–31,18; Mk 16,9–20

Ich rufe an/Ich wurde angerufen von _____ und

das hat mich berührt _____

_____

_____

_____

Das Wetter heute

Mein Barometer der Gefühle

Aber du, Herr, sei nicht ferne; meine Stärke, eile, mir zu helfen!
Psalm 22,20

Wenn ich an unsere Zeit zurückdenke, dann freut mich heute ganz besonders
_____
_____
_____
_____
_____

Ich fühle mich heute nicht so gut/gut, weil _____
_____
_____
_____

Heute lese ich Ps 119,33–40; 2Mo 32,1–33,23; Lk 1,1–25

Ich rufe an/Ich wurde angerufen von _____ und

das hat mich berührt _____
_____
_____

Das Wetter heute   Mein Barometer der Gefühle

Wir sterben viele Tode, solange wir leben, der letzte ist nicht der bitterste.

Karl Heinrich Waggerl

Wenn ich an unsere Zeit zurückdenke, dann freut mich heute ganz besonders

_____
_____
_____
_____

Ich fühle mich heute nicht so gut/gut, weil _____

_____
_____
_____

Heute lese ich Ps 119,41–48; 2Mo 34,1–36,7; Lk 1,26–56

Ich rufe an/Ich wurde angerufen von _____ und

das hat mich berührt _____

_____
_____
_____

Das Wetter heute   Mein Barometer der Gefühle

*Gott ist und bleibt getreu, er weiß, was wir vermögen,
und nie wird er zu viel den Seinen auferlegen.*

Johann Christian Wilhelmi

DATUM

Wenn ich an unsere Zeit zurückdenke, dann freut mich heute ganz besonders

_____
_____
_____
_____
_____

Ich fühle mich heute nicht so gut/gut, weil _____

_____
_____
_____
_____

Heute lese ich Ps 119,49–56; 2Mo 36,8–38,31; Lk 1,57–2,20

Ich rufe an/Ich wurde angerufen von _____ und

das hat mich berührt _____

_____
_____
_____

Das Wetter heute

Mein Barometer der Gefühle

Wir tragen nicht mehr, als wir tragen können.
Karl Rahner

Wenn ich an unsere Zeit zurückdenke, dann freut mich heute ganz besonders

_____

_____

_____

_____

_____

Ich fühle mich heute nicht so gut/gut, weil _____

_____

_____

_____

Heute lese ich Ps 119,57–64; 2Mo 39,1–40,38; Lk 2,21–52

Ich rufe an/Ich wurde angerufen von _____ und

das hat mich berührt _____

_____

_____

_____

Das Wetter heute

Mein Barometer der Gefühle

Sei stille dem Herrn und warte auf ihn.
Psalm 37,7

Wenn ich an unsere Zeit zurückdenke, dann freut mich heute ganz besonders

_____

_____

_____

_____

_____

Ich fühle mich heute nicht so gut/gut, weil _____

_____

_____

_____

_____

Heute lese ich Ps 119,65–72; 3Mo 1,1–3,17; Lk 3,1–20

Ich rufe an/Ich wurde angerufen von _____ und

das hat mich berührt _____

_____

_____

_____

Das Wetter heute   Mein Barometer der Gefühle

DATUM

Wann willst du Glauben beweisen, wenn nicht in der Trübsal; Hoffnung wann auf Gott, wenn nicht in der dunkelsten Stunde?

Johann Kaspar Lavater

Wenn ich an unsere Zeit zurückdenke, dann freut mich heute ganz besonders

_____
_____
_____
_____
_____

Ich fühle mich heute nicht so gut/gut, weil _____
_____
_____
_____
_____

Heute lese ich Ps 119,73–80; 3Mo 4,1–5,26; Lk 3,21–4,13

Ich rufe an/Ich wurde angerufen von _____ und

das hat mich berührt _____
_____
_____
_____

Das Wetter heute

Mein Barometer der Gefühle

Trauer kann man nicht sehen, nicht hören, kann sie nur fühlen. Sie ist ein Nebel, ohne Umrisse. Man möchte diesen Nebel packen und fortschieben, aber die Hand fasst ins Leere.

unbekannt

DATUM

Wenn ich an unsere Zeit zurückdenke, dann freut mich heute ganz besonders

_____
_____
_____
_____

Ich fühle mich heute nicht so gut/gut, weil _____

_____
_____
_____
_____

Heute lese ich Ps 119,81–88; 3Mo 6,1–7,38; Lk 4,14–44

Ich rufe an/Ich wurde angerufen von _____ und

das hat mich berührt _____

_____
_____
_____

Das Wetter heute

Mein Barometer der Gefühle

Nur auf dem Pfad der Nacht erreicht man die Morgenröte.
Khalil Gibran

Wenn ich an unsere Zeit zurückdenke, dann freut mich heute ganz besonders

_____

_____

_____

_____

_____

Ich fühle mich heute nicht so gut/gut, weil _____

_____

_____

_____

_____

Heute lese ich Ps 119,89–96; 3Mo 8,1–10,20; Lk 5,1–26

Ich rufe an/Ich wurde angerufen von _____ und

das hat mich berührt _____

_____

_____

_____

Das Wetter heute   Mein Barometer der Gefühle

Es gibt so vieles, was wir ihnen nicht gesagt haben, als sie noch da waren.

Jules Renand

DATUM

Wenn ich an unsere Zeit zurückdenke, dann freut mich heute ganz besonders

_____
_____
_____
_____
_____

Ich fühle mich heute nicht so gut/gut, weil _____
_____
_____
_____

Heute lese ich Ps 119,97–104; 3Mo 11,1–12,8; Lk 5,27–6,16

Ich rufe an/Ich wurde angerufen von _____ und

das hat mich berührt _____
_____
_____

Das Wetter heute

Mein Barometer der Gefühle

Gott ist treu, der euch nicht versuchen lässt über eure Kraft, sondern macht, dass die Versuchung so ein Ende nimmt, dass ihr's ertragen könnt.

1. Korinther 10,13

Wenn ich an unsere Zeit zurückdenke, dann freut mich heute ganz besonders

_____

_____

_____

_____

_____

Ich fühle mich heute nicht so gut/gut, weil _____

_____

_____

_____

_____

Heute lese ich Ps 119,105–112; 3Mo 13,1–59; Lk 6,17–49

Ich rufe an/Ich wurde angerufen von _____ und

das hat mich berührt _____

_____

_____

_____

Das Wetter heute   Mein Barometer der Gefühle

Es gibt Berge, über die man hinüber muss, sonst geht der Weg nicht weiter.

Ludwig Thoma

Wenn ich an unsere Zeit zurückdenke, dann freut mich heute ganz besonders

_____
_____
_____
_____
_____

Ich fühle mich heute nicht so gut/gut, weil _____

_____
_____
_____
_____

Heute lese ich Ps 119,113–120; 3Mo 14,1–15,33; Lk 7,1–17

Ich rufe an/Ich wurde angerufen von _____ und

das hat mich berührt _____

_____
_____
_____

Das Wetter heute   Mein Barometer der Gefühle

DATUM

*Kein Trostwort ist so stark, den großen Schmerz zu mindern,
Gott und die Zeit allein vermögen, ihn zu lindern.*

unbekannt

Wenn ich an unsere Zeit zurückdenke, dann freut mich heute ganz besonders

_____
_____
_____
_____
_____

Ich fühle mich heute nicht so gut/gut, weil _____

_____
_____
_____
_____

Heute lese ich Ps 119,121–128; 16,1–18,30; Lk 7,18–35

Ich rufe an/Ich wurde angerufen von _____ und

das hat mich berührt _____

_____
_____
_____

Das Wetter heute   Mein Barometer der Gefühle

Wir müssen bereit sein, uns von Gott unterbrechen zu lassen.
Dietrich Bonhoeffer

 DATUM

Wenn ich an unsere Zeit zurückdenke, dann freut mich heute ganz besonders

_____
_____
_____
_____
_____

Ich fühle mich heute nicht so gut/gut, weil _____

_____
_____
_____
_____

Heute lese ich Ps 119,129–136; 3Mo 19,1–20,27; Lk 7,36–8,15

Ich rufe an/Ich wurde angerufen von _____ und

das hat mich berührt _____

_____
_____
_____

Das Wetter heute   Mein Barometer der Gefühle

Wenn die Schwermut dich überfällt, so sprich mit Freunden über Dinge, an denen du Freude hast.

Martin Luther

Wenn ich an unsere Zeit zurückdenke, dann freut mich heute ganz besonders

_____

_____

_____

_____

Ich fühle mich heute nicht so gut/gut, weil _____

_____

_____

_____

Heute lese ich Ps 119,137–144; 3Mo 21,1–23,44; Lk 8,16–39

Ich rufe an/Ich wurde angerufen von _____ und

das hat mich berührt _____

_____

_____

Das Wetter heute   Mein Barometer der Gefühle

Der Herr ist nahe denen, die zerbrochenen Herzens sind, und hilft denen, die ein zerschlagenes Gemüt haben.

Psalm 34,19

DATUM

Wenn ich an unsere Zeit zurückdenke, dann freut mich heute ganz besonders

_____
_____
_____
_____
_____

Ich fühle mich heute nicht so gut/gut, weil _____

_____
_____
_____
_____

Heute lese ich Ps 119,145–152; 3Mo 24,1–25,55; Lk 8,40–56

Ich rufe an/Ich wurde angerufen von _____ und

das hat mich berührt _____

_____
_____
_____

Das Wetter heute   Mein Barometer der Gefühle

Der Glaube gibt uns Kraft, tapfer zu tragen, was wir nicht ändern können.

unbekannt

Wenn ich an unsere Zeit zurückdenke, dann freut mich heute ganz besonders

_____
_____
_____
_____
_____

Ich fühle mich heute nicht so gut/gut, weil _____

_____
_____
_____
_____

Heute lese ich Ps 119,153–160; 3Mo 26,1–27,34; Lk 9,1–27

Ich rufe an/Ich wurde angerufen von _____ und

das hat mich berührt _____

_____
_____
_____

Das Wetter heute   Mein Barometer der Gefühle

Selig sind, die da Leid tragen; denn sie sollen getröstet werden.

Matthäus 5,4

 DATUM

Wenn ich an unsere Zeit zurückdenke, dann freut mich heute ganz besonders

_____
_____
_____
_____
_____

Ich fühle mich heute nicht so gut/gut, weil _____

_____
_____
_____

Heute lese ich Ps 119,161–168; 4Mo 1,1–2,34; Lk 9,28–50

Ich rufe an/Ich wurde angerufen von _____ und

das hat mich berührt _____

_____
_____
_____

Das Wetter heute   Mein Barometer der Gefühle

Wir haben in den trübsten Stunden ein Heilmittel zur Hand: das Denken an eine geliebte Menschenseele.

Otto von Leixner

Wenn ich an unsere Zeit zurückdenke, dann freut mich heute ganz besonders

_____
_____
_____
_____
_____

Ich fühle mich heute nicht so gut/gut, weil _____

_____
_____
_____
_____

Heute lese ich Ps 119,169–176; 4Mo 3,1–4,49; Lk 9,51–10,16

Ich rufe an/Ich wurde angerufen von _____ und

das hat mich berührt _____

_____
_____
_____

Das Wetter heute

Mein Barometer der Gefühle

Du siehst alles ein bisschen klarer mit Augen, die geweint haben.
Marie von Ebner-Eschenbach

Wenn ich an unsere Zeit zurückdenke, dann freut mich heute ganz besonders

_____
_____
_____
_____
_____

Ich fühle mich heute nicht so gut/gut, weil _____

_____
_____
_____
_____

Heute lese ich Ps 99,1–9; 4Mo 5,1–6,27; Lk 10,17–42

Ich rufe an/Ich wurde angerufen von _____ und
das hat mich berührt _____

_____
_____
_____

Das Wetter heute   Mein Barometer der Gefühle

Trotz allem Freundeswort und Mitgefühlsgebärden bleibt jeder Schmerz ein Eremit auf Erden.

Nikolaus Lenau

Wenn ich an unsere Zeit zurückdenke, dann freut mich heute ganz besonders

_____
_____
_____
_____

Ich fühle mich heute nicht so gut/gut, weil _____

_____
_____
_____
_____

Heute lese ich Ps 100,1–5; 4Mo 7,1–8,26; Lk 11,1–28

Ich rufe an/Ich wurde angerufen von _____ und

das hat mich berührt _____

_____
_____
_____

Das Wetter heute   Mein Barometer der Gefühle

Wenn du recht schwer betrübt bist, dass du meinst, kein Mensch auf der Welt könne dich trösten, so tue jemand etwas Gutes, gleich wird's besser sein.

Peter Rosegger

Wenn ich an unsere Zeit zurückdenke, dann freut mich heute ganz besonders

_____

_____

_____

_____

_____

Ich fühle mich heute nicht so gut/gut, weil _____

_____

_____

_____

_____

Heute lese ich Ps 101,1–8; 4Mo 9,1–10,36; Lk 11,29–54

Ich rufe an/Ich wurde angerufen von _____ und

das hat mich berührt _____

_____

_____

_____

Das Wetter heute   Mein Barometer der Gefühle

DATUM

Der Gedanke an die Vergänglichkeit aller irdischen Dinge ist ein Quell unendlichen Leids – und ein Quell unendlichen Trosts.

Marie von Ebner-Eschenbach

Wenn ich an unsere Zeit zurückdenke, dann freut mich heute ganz besonders
_____
_____
_____
_____
_____

Ich fühle mich heute nicht so gut/gut, weil _____
_____
_____
_____
_____

Heute lese ich Ps 102,1–6; 4Mo 11,1–35; Lk 12,1–21

Ich rufe an/Ich wurde angerufen von _____ und

das hat mich berührt _____
_____
_____
_____

Das Wetter heute   Mein Barometer der Gefühle

Deine Gnade soll mein Trost sein …
                    Psalm 119,76

Wenn ich an unsere Zeit zurückdenke, dann freut mich heute ganz besonders
_____
_____
_____
_____
_____

Ich fühle mich heute nicht so gut/gut, weil _____
_____
_____
_____
_____

Heute lese ich Ps 102,7–12; 4Mo 12,1–16; Lk 12,22–34

Ich rufe an/Ich wurde angerufen von _____ und
das hat mich berührt _____
_____
_____
_____

Das Wetter heute   Mein Barometer der Gefühle

Ihr, die ihr mich so geliebt habt, seht nicht auf das Leben, das ich beendet habe, sondern auf das, welches ich beginne.

Augustinus

Wenn ich an unsere Zeit zurückdenke, dann freut mich heute ganz besonders

_____
_____
_____
_____
_____

Ich fühle mich heute nicht so gut/gut, weil _____

_____
_____
_____
_____

Heute lese ich Ps 102,13–29; 4Mo 13,1–14,45; Lk 12,35–59

Ich rufe an/Ich wurde angerufen von _____ und

das hat mich berührt _____

_____
_____
_____

Das Wetter heute   Mein Barometer der Gefühle

In deine Hände befehle ich meinen Geist; du hast mich erlöst, Herr, du treuer Gott.

Psalm 31,6

Wenn ich an unsere Zeit zurückdenke, dann freut mich heute ganz besonders

_____
_____
_____
_____

Ich fühle mich heute nicht so gut/gut, weil _____

_____
_____
_____

Heute lese ich Ps 103,1–13; 4Mo 15,1–41; Lk 13,1–21

Ich rufe an/Ich wurde angerufen von _____ und

das hat mich berührt _____
_____
_____

Das Wetter heute

Mein Barometer der Gefühle

DATUM

Und immer war es so, dass Liebe ihre eigene Tiefe nicht erkennt bis zur Stunde der Trennung.

Khalil Gibran

Wenn ich an unsere Zeit zurückdenke, dann freut mich heute ganz besonders
_____
_____
_____
_____
_____

Ich fühle mich heute nicht so gut/gut, weil _____
_____
_____
_____
_____

Heute lese ich Ps 103,14–22; 4Mo 16,1–17,28; Lk 13,22–35

Ich rufe an/Ich wurde angerufen von _____ und

das hat mich berührt _____
_____
_____
_____

Das Wetter heute   Mein Barometer der Gefühle

Was betrübst du dich, meine Seele, und bist so unruhig in mir? Harre auf Gott; denn ich werde ihm noch danken, dass er meines Angesichts Hilfe und mein Gott ist.

Psalm 42,6

DATUM

Wenn ich an unsere Zeit zurückdenke, dann freut mich heute ganz besonders

_____
_____
_____
_____
_____

Ich fühle mich heute nicht so gut/gut, weil _____

_____
_____
_____

Heute lese ich Ps 104,1–9; 4Mo 18,1–32; Lk 14,1–24

Ich rufe an/Ich wurde angerufen von _____ und

das hat mich berührt _____

_____
_____
_____

Das Wetter heute

Mein Barometer der Gefühle

DATUM

Voll verzweifelter Hoffnung gehe ich umher und suche nach dir in allen Winkeln des Hauses. Ich finde dich nicht.

Rabindranath Tagore

Wenn ich an unsere Zeit zurückdenke, dann freut mich heute ganz besonders

_____
_____
_____
_____
_____

Ich fühle mich heute nicht so gut/gut, weil _____

_____
_____
_____
_____

Heute lese ich Ps 104,10–18; 4Mo 19,1–20,29; Lk 14,25–35

Ich rufe an/Ich wurde angerufen von _____ und

das hat mich berührt _____

_____
_____
_____

Das Wetter heute

Mein Barometer der Gefühle

Gottes Macht zu helfen ist so groß, dass er immer einen Weg und eine Hilfe für dich hat.

Selma Lagerlöf

Wenn ich an unsere Zeit zurückdenke, dann freut mich heute ganz besonders

_____
_____
_____
_____
_____

Ich fühle mich heute nicht so gut/gut, weil _____

_____
_____
_____
_____

Heute lese ich Ps 104,19–26; 4Mo 21,1–35; Lk 15,1–32

Ich rufe an/Ich wurde angerufen von _____ und

das hat mich berührt _____

_____
_____
_____

Das Wetter heute

Mein Barometer der Gefühle

Man muss nie verzweifeln, wenn einem etwas verloren geht, ein Mensch oder eine Freude oder ein Glück; es kommt alles noch herrlicher wieder.

Rainer Maria Rilke

Wenn ich an unsere Zeit zurückdenke, dann freut mich heute ganz besonders

_____
_____
_____
_____

Ich fühle mich heute nicht so gut/gut, weil _____

_____
_____
_____

Heute lese ich Ps 104,27–30; 4Mo 22,1–24,25; Lk 16,1–13

Ich rufe an/Ich wurde angerufen von _____ und

das hat mich berührt _____

_____
_____

Das Wetter heute   Mein Barometer der Gefühle

Wo die Stille mit dem Gedanken Gottes ist, da ist nicht Unruhe noch Zerfahrenheit.

Franz von Assisi

DATUM

Wenn ich an unsere Zeit zurückdenke, dann freut mich heute ganz besonders

_____
_____
_____
_____
_____

Ich fühle mich heute nicht so gut/gut, weil _____
_____
_____
_____

Heute lese ich Ps 104,31–35; 4Mo 25,1–26,56; Lk 16,14–31

Ich rufe an/Ich wurde angerufen von _____ und das hat mich berührt _____
_____
_____

Das Wetter heute

Mein Barometer der Gefühle

Beides, die Sonnentage und die Schattentage des Lebens, führen zur Reife!

Richard Fehr

Wenn ich an unsere Zeit zurückdenke, dann freut mich heute ganz besonders

_____
_____
_____
_____
_____

Ich fühle mich heute nicht so gut/gut, weil _____

_____
_____
_____

Heute lese ich Ps 105,1–6; 4Mo 26,57–27,23; Lk 17,1–19

Ich rufe an/Ich wurde angerufen von _____ und

das hat mich berührt _____

_____
_____
_____

Das Wetter heute   Mein Barometer der Gefühle

Jeder Frühlingssonnentag schließt nur für ein paar Menschen, die imstande sind, ihn zu genießen, unter Millionen, die nicht dazu imstande sind, das Glück der Erde und also den Himmel auf.

Wilhelm Raabe

Wenn ich an unsere Zeit zurückdenke, dann freut mich heute ganz besonders

_____
_____
_____
_____
_____

Ich fühle mich heute nicht so gut/gut, weil _____

_____
_____
_____
_____

Heute lese ich Ps 105,7–12; 4Mo 28,1–30,1; Lk 17,20–37

Ich rufe an/Ich wurde angerufen von _____ und

das hat mich berührt _____

_____
_____
_____

Das Wetter heute

Mein Barometer der Gefühle

Keine Träne soll zurückgehalten werden, kein Klagen und kein Aufschrei soll erstickt werden. So wird die Seele gereinigt.

unbekannt

Wenn ich an unsere Zeit zurückdenke, dann freut mich heute ganz besonders

_____
_____
_____
_____

Ich fühle mich heute nicht so gut/gut, weil _____

_____
_____
_____
_____

Heute lese ich Ps 105,13–23; 4Mo 30,2–31,54; Lk 18,1–17

Ich rufe an/Ich wurde angerufen von _____ und

das hat mich berührt _____

_____
_____
_____

Das Wetter heute   Mein Barometer der Gefühle

Wenn wir traurig oder gar verzweifelt sind, dann wird das Licht von oben unseren Lebensweg erhellen.

Wilhelm Leber

DATUM

Wenn ich an unsere Zeit zurückdenke, dann freut mich heute ganz besonders

Ich fühle mich heute nicht so gut/gut, weil

Heute lese ich Ps 105,24–45; 4Mo 32,1–33,56; Lk 18,18–43

Ich rufe an/Ich wurde angerufen von _____ und das hat mich berührt

Das Wetter heute

Mein Barometer der Gefühle

DATUM

Bedenke, dass der Tod nicht auf sich warten lässt und dass du keinen Vertrag mit dem Tod hast.

Sirach 14,12

Wenn ich an unsere Zeit zurückdenke, dann freut mich heute ganz besonders

_____
_____
_____
_____
_____

Ich fühle mich heute nicht so gut/gut, weil _____

_____
_____
_____
_____

Heute lese ich Ps 106,1–5; 4Mo 34,1–36,13; Lk 19,1–27

Ich rufe an/Ich wurde angerufen von _____ und

das hat mich berührt _____

_____
_____
_____

Das Wetter heute   Mein Barometer der Gefühle

Unsere Toten gehören zu den Unsichtbaren, aber nicht zu den Abwesenden.

Papst Johannes XXIII.

DATUM

Wenn ich an unsere Zeit zurückdenke, dann freut mich heute ganz besonders

_____
_____
_____
_____
_____

Ich fühle mich heute nicht so gut/gut, weil _____

_____
_____
_____

Heute lese ich Ps 106,6–12; 5Mo 1,1–2,37; Lk 19,28–48

Ich rufe an/Ich wurde angerufen von _____ und das hat mich berührt _____

_____
_____
_____

Das Wetter heute

Mein Barometer der Gefühle

Verstehen kann man Leben nur rückwärts, leben muss man es vorwärts.

Søren Kierkegaard

Wenn ich an unsere Zeit zurückdenke, dann freut mich heute ganz besonders

_____
_____
_____
_____
_____

Ich fühle mich heute nicht so gut/gut, weil _____
_____
_____
_____

Heute lese ich Ps 106,13–23; 5Mo 3,1–4,40; Lk 20,1–26

Ich rufe an/Ich wurde angerufen von _____ und

das hat mich berührt _____
_____
_____
_____

Das Wetter heute   Mein Barometer der Gefühle

Des Menschen Herz erdenkt sich seinen Weg; aber der Herr allein lenkt seinen Schritt.

Sprüche 16,9

Wenn ich an unsere Zeit zurückdenke, dann freut mich heute ganz besonders

Ich fühle mich heute nicht so gut/gut, weil

Heute lese ich Ps 106,24–33; 5Mo 4,41–6,25; Lk 20,27–21,4

Ich rufe an/Ich wurde angerufen von _____ und das hat mich berührt

Das Wetter heute

Mein Barometer der Gefühle

DATUM *Beweinet den, der leidet – nicht den, der scheidet.*
                                                            Talmud

Wenn ich an unsere Zeit zurückdenke, dann freut mich heute ganz besonders
_____
_____
_____
_____
_____

Ich fühle mich heute nicht so gut/gut, weil _____
_____
_____
_____
_____

Heute lese ich Ps 106,34–43; 5Mo 7,1–9,6; Lk 21,5–38

Ich rufe an/Ich wurde angerufen von _____ und

das hat mich berührt _____
_____
_____
_____

Das Wetter heute   Mein Barometer der Gefühle

Mein Gott, mein Gott, warum hast du mich verlassen?

Psalm 22,2

Wenn ich an unsere Zeit zurückdenke, dann freut mich heute ganz besonders

_____
_____
_____
_____
_____

Ich fühle mich heute nicht so gut/gut, weil _____

_____
_____
_____
_____

Heute lese ich Ps 106,44–48; 5Mo 9,7–11,32; Lk 22,1–38

Ich rufe an/Ich wurde angerufen von _____ und

das hat mich berührt _____

_____
_____

Das Wetter heute

Mein Barometer der Gefühle

Gott, zu dir rufe ich am frühen Morgen. Hilf mir beten und meine Gedanken sammeln, ich kann es nicht allein.

Dietrich Bonhoeffer

Wenn ich an unsere Zeit zurückdenke, dann freut mich heute ganz besonders

_____
_____
_____
_____
_____

Ich fühle mich heute nicht so gut/gut, weil _____
_____
_____
_____
_____

Heute lese ich Ps 31,1–6; 5Mo 12,1–13,19; Lk 22,39–71

Ich rufe an/Ich wurde angerufen von _____ und

das hat mich berührt _____
_____
_____
_____

Das Wetter heute   Mein Barometer der Gefühle

Denn wir wissen: wenn unser irdisches Haus, diese Hütte, abgebrochen wird, so haben wir einen Bau, von Gott erbaut, ein Haus, nicht mit Händen gemacht, das ewig ist im Himmel.

2. Korinther 5,1

Wenn ich an unsere Zeit zurückdenke, dann freut mich heute ganz besonders

_____
_____
_____
_____

Ich fühle mich heute nicht so gut/gut, weil _____

_____
_____
_____

Heute lese ich Ps 31,7–14; 5Mo 14,1–15,23; Lk 23,1–25

Ich rufe an/Ich wurde angerufen von _____ und

das hat mich berührt _____

_____
_____
_____

Das Wetter heute   Mein Barometer der Gefühle

Dein Lachen, deine Lebendigkeit, deine Wärme fehlen mir.

unbekannt

Wenn ich an unsere Zeit zurückdenke, dann freut mich heute ganz besonders

_____
_____
_____
_____
_____

Ich fühle mich heute nicht so gut/gut, weil _____
_____
_____
_____
_____

Heute lese ich Ps 31,15–21; 5Mo 16,1–18,22; Lk 23,26–56

Ich rufe an/Ich wurde angerufen von _____ und

das hat mich berührt _____
_____
_____
_____

Das Wetter heute

Mein Barometer der Gefühle

Was man tief in seinem Leben besitzt, kann man nicht durch den Tod verlieren.

Johann Wolfgang von Goethe

DATUM

Wenn ich an unsere Zeit zurückdenke, dann freut mich heute ganz besonders

_____
_____
_____
_____
_____

Ich fühle mich heute nicht so gut/gut, weil _____

_____
_____
_____
_____

Heute lese ich Ps 31,22–25; 5Mo 19,1–20,20; Lk 24,1–53

Ich rufe an/Ich wurde angerufen von _____ und

das hat mich berührt _____

_____
_____
_____

Das Wetter heute

Mein Barometer der Gefühle

Anderer Menschen Leid trösten, ist der beste Trost für eigenes Leid.

Niccolò Tommaseo

Wenn ich an unsere Zeit zurückdenke, dann freut mich heute ganz besonders

_____
_____
_____
_____
_____
_____

Ich fühle mich heute nicht so gut/gut, weil _____

_____
_____
_____
_____

Heute lese ich Ps 97,1–6; 5Mo 21,1–23,1; Apg 1,1–14

Ich rufe an/Ich wurde angerufen von _____ und

das hat mich berührt _____

_____
_____
_____

Das Wetter heute

Mein Barometer der Gefühle

Lerne das Unfassbare zu fassen, das Unbegreifliche zu begreifen und das Unverständliche zu verstehen.

unbekannt

DATUM

Wenn ich an unsere Zeit zurückdenke, dann freut mich heute ganz besonders

___
___
___
___
___

Ich fühle mich heute nicht so gut/gut, weil ___

___
___
___
___

Heute lese ich Ps 97,7–12; 5Mo 23,2–25,19; Apg 1,15–26

Ich rufe an/Ich wurde angerufen von ___ und das hat mich berührt ___

___
___
___

Das Wetter heute

Mein Barometer der Gefühle

Luft und Licht heilen, und Ruhe heilt, aber den besten Beistand spendet doch ein gütiges Herz.

Theodor Fontane

Wenn ich an unsere Zeit zurückdenke, dann freut mich heute ganz besonders

_____
_____
_____
_____
_____

Ich fühle mich heute nicht so gut/gut, weil _____

_____
_____
_____
_____

Heute lese ich Ps 98,1–3; 5Mo 26,1–27,26; Apg 2,1–13

Ich rufe an/Ich wurde angerufen von _____ und

das hat mich berührt _____

_____
_____
_____

Das Wetter heute

Mein Barometer der Gefühle

Glück tut gut, aber Leid lässt die Seele wachsen.
Ludwig Uhland

DATUM

Wenn ich an unsere Zeit zurückdenke, dann freut mich heute ganz besonders

_____
_____
_____
_____
_____

Ich fühle mich heute nicht so gut/gut, weil _____

_____
_____
_____
_____

Heute lese ich Ps 98,4–9; 5Mo 28,1–29,28; Apg 2,14–47

Ich rufe an/Ich wurde angerufen von _____ und
das hat mich berührt _____

_____
_____
_____

Das Wetter heute

Mein Barometer der Gefühle

Wenn Gott den Schatten erschaffen hat, dann deshalb, um das Licht hervorzuheben.

unbekannt

Wenn ich an unsere Zeit zurückdenke, dann freut mich heute ganz besonders

_____
_____
_____
_____
_____

Ich fühle mich heute nicht so gut/gut, weil _____

_____
_____
_____
_____

Heute lese ich Ps 120,1–7; 5Mo 30,1–31,29; Apg 3,1–26

Ich rufe an/Ich wurde angerufen von _____ und

das hat mich berührt _____

_____
_____
_____

Das Wetter heute   Mein Barometer der Gefühle

Gott verlangt nichts vom Menschen, ohne ihm zugleich die Kraft dafür zu geben.

Edith Stein

DATUM

Wenn ich an unsere Zeit zurückdenke, dann freut mich heute ganz besonders

_____
_____
_____
_____
_____

Ich fühle mich heute nicht so gut/gut, weil _____

_____
_____
_____
_____

Heute lese ich Ps 121,1–4; 5Mo 31,30–32,52; Apg 4,1–22

Ich rufe an/Ich wurde angerufen von _____ und

das hat mich berührt _____

_____
_____
_____

Das Wetter heute

Mein Barometer der Gefühle

DATUM

Unser Herz ist tief, aber wenn wir nicht hineingedrückt werden, gehn wir nie bis auf den Grund.

Rainer Maria Rilke

Wenn ich an unsere Zeit zurückdenke, dann freut mich heute ganz besonders

_____
_____
_____
_____
_____

Ich fühle mich heute nicht so gut/gut, weil _____

_____
_____
_____
_____

Heute lese ich Ps 121,5–8; 5Mo 33,1–34,12; Apg 4,23–37

Ich rufe an/Ich wurde angerufen von _____ und

das hat mich berührt _____

_____
_____
_____

Das Wetter heute    Mein Barometer der Gefühle

*Bei allem, was wir zu durchleben haben, gilt:
Wir wollen auf den Herrn schauen!*
Wilhelm Leber

DATUM

Wenn ich an unsere Zeit zurückdenke, dann freut mich heute ganz besonders

_____
_____
_____
_____
_____

Ich fühle mich heute nicht so gut/gut, weil _____

_____
_____
_____
_____

Heute lese ich Ps 122,1–5; Jos 1,1–3,17; Apg 5,1–16

Ich rufe an/Ich wurde angerufen von _____ und

das hat mich berührt _____

_____
_____
_____

Das Wetter heute   Mein Barometer der Gefühle

Gott ist dann am allernächsten, wenn er am weitesten entfernt scheint.

Martin Luther

Wenn ich an unsere Zeit zurückdenke, dann freut mich heute ganz besonders

___

___

___

___

___

Ich fühle mich heute nicht so gut/gut, weil ___

___

___

___

___

Heute lese ich Ps 122,6–9; Jos 4,1–5,15; Apg 5,17–42

Ich rufe an/Ich wurde angerufen von ___ und

das hat mich berührt ___

___

___

___

Das Wetter heute

Mein Barometer der Gefühle

Die Dankbarkeit verwandelt die Qual der Erinnerung in eine stille Freude.

Dietrich Bonhoeffer

DATUM

Wenn ich an unsere Zeit zurückdenke, dann freut mich heute ganz besonders

Ich fühle mich heute nicht so gut/gut, weil

Heute lese ich Ps 123,1–4; Jos 6,1–7,26; Apg 6,1–15

Ich rufe an/Ich wurde angerufen von _____ und das hat mich berührt

Das Wetter heute

Mein Barometer der Gefühle

| DATUM | *Die Liebe hört niemals auf.*
1. Korinther 13,8 |

Wenn ich an unsere Zeit zurückdenke, dann freut mich heute ganz besonders
_____
_____
_____
_____
_____
_____

Ich fühle mich heute nicht so gut/gut, weil _____
_____
_____
_____
_____

Heute lese ich Ps 124,1–8; Jos 8,1–9,27; Apg 7,1–53

Ich rufe an/Ich wurde angerufen von _____ und

das hat mich berührt _____
_____
_____
_____

Das Wetter heute   Mein Barometer der Gefühle

Ein ewig Rätsel ist das Leben und ein Geheimnis bleibt der Tod.
Emanuel Geibel

DATUM

Wenn ich an unsere Zeit zurückdenke, dann freut mich heute ganz besonders

_____
_____
_____
_____
_____

Ich fühle mich heute nicht so gut/gut, weil _____

_____
_____
_____
_____

Heute lese ich Ps 125,1–5; Jos 10,1–11,23; Apg 7,54–8,25

Ich rufe an/Ich wurde angerufen von _____ und
das hat mich berührt _____

_____
_____
_____

Das Wetter heute

Mein Barometer der Gefühle

So ist es auf Erden: jede Seele wird geprüft und wird auch getröstet.

Fjodor M. Dostojewski

Wenn ich an unsere Zeit zurückdenke, dann freut mich heute ganz besonders

_____

_____

_____

_____

Ich fühle mich heute nicht so gut/gut, weil _____

_____

_____

_____

Heute lese ich Ps 126,1–6; Jos 12,1–13,33; Apg 8,26–40

Ich rufe an/Ich wurde angerufen von _____ und

das hat mich berührt _____

_____

_____

_____

Das Wetter heute   Mein Barometer der Gefühle

Dankbarkeit und Liebe sind die Engel des Abschieds.

Ewald von Kleist

Wenn ich an unsere Zeit zurückdenke, dann freut mich heute ganz besonders

Ich fühle mich heute nicht so gut/gut, weil

Heute lese ich Ps 127,1–5; Jos 14,1–15,63; Apg 9,1–31

Ich rufe an/Ich wurde angerufen von _____ und das hat mich berührt

Das Wetter heute

Mein Barometer der Gefühle

Glaube ist der Vogel, der singt, wenn die Nacht noch dunkel ist.
unbekannt

Wenn ich an unsere Zeit zurückdenke, dann freut mich heute ganz besonders

_____
_____
_____
_____

Ich fühle mich heute nicht so gut/gut, weil _____

_____
_____
_____
_____

Heute lese ich Ps 128,1–6; Jos 16,1–19,51; Apg 9,32–43

Ich rufe an/Ich wurde angerufen von _____ und
das hat mich berührt _____

_____
_____
_____

Das Wetter heute

Mein Barometer der Gefühle

Das sind die Starken, die unter Tränen lachen, eigene Sorgen verbergen und andere glücklich machen.

Franz Grillparzer

DATUM

Wenn ich an unsere Zeit zurückdenke, dann freut mich heute ganz besonders

_____
_____
_____
_____
_____
_____

Ich fühle mich heute nicht so gut/gut, weil _____

_____
_____
_____
_____

Heute lese ich Ps 129,1–8; Jos 20,1–22,34; Apg 10,1–48

Ich rufe an/Ich wurde angerufen von _____ und

das hat mich berührt _____

_____
_____
_____

Das Wetter heute

Mein Barometer der Gefühle

Niemand ist fort, den man geliebt hat, denn Liebe ist ewige Gegenwart.

Stefan Zweig

Wenn ich an unsere Zeit zurückdenke, dann freut mich heute ganz besonders

_____

_____

_____

_____

_____

Ich fühle mich heute nicht so gut/gut, weil _____

_____

_____

_____

_____

Heute lese ich Ps 130,1–8; Jos 23,1–24,33; Apg 11,1–30

Ich rufe an/Ich wurde angerufen von _____ und

das hat mich berührt _____

_____

_____

_____

Das Wetter heute   Mein Barometer der Gefühle

Du bist nicht tot, sondern nur weitergegangen wie die Sonne.
Theodoret von Kyros

Wenn ich an unsere Zeit zurückdenke, dann freut mich heute ganz besonders

_____
_____
_____
_____
_____

Ich fühle mich heute nicht so gut/gut, weil _____

_____
_____
_____
_____

Heute lese ich Ps 131,1–3; Ri 1,1–2,23; Apg 12,1–25

Ich rufe an/Ich wurde angerufen von _____ und

das hat mich berührt _____

_____
_____
_____

Das Wetter heute   Mein Barometer der Gefühle

Das Leben ist kurz, aber doch von unendlichem Wert, denn es birgt den Keim der Ewigkeit in sich.

Franz von Sales

Wenn ich an unsere Zeit zurückdenke, dann freut mich heute ganz besonders

_____
_____
_____
_____

Ich fühle mich heute nicht so gut/gut, weil _____

_____
_____
_____
_____

Heute lese ich Ps 132,1–5; Ri 3,1–4,24; Apg 13,1–12

Ich rufe an/Ich wurde angerufen von _____ und

das hat mich berührt _____

_____
_____
_____

Das Wetter heute   Mein Barometer der Gefühle

Die Kraft, die uns verbindet, wirkt über Raum und Zeit.
unbekannt

DATUM

Wenn ich an unsere Zeit zurückdenke, dann freut mich heute ganz besonders

_____
_____
_____
_____
_____
_____

Ich fühle mich heute nicht so gut/gut, weil _____

_____
_____
_____
_____

Heute lese ich Ps 132,6–12; Ri 5,1–6,40; Apg 13,13–52

Ich rufe an/Ich wurde angerufen von _____ und

das hat mich berührt _____

_____
_____
_____

Das Wetter heute

Mein Barometer der Gefühle

Das Gebet tröstet.
　　　　　Leo N. Tolstoi

Wenn ich an unsere Zeit zurückdenke, dann freut mich heute ganz besonders
_____
_____
_____
_____

Ich fühle mich heute nicht so gut/gut, weil _____
_____
_____
_____
_____

Heute lese ich Ps 132,13–18; Ri 7,1–8,35; Apg 14,1–28

Ich rufe an/Ich wurde angerufen von _____ und

das hat mich berührt _____
_____
_____
_____

Das Wetter heute　　　　　　　　Mein Barometer der Gefühle

Gott der Herr ist Sonne und Schild.
Psalm 84,12

Wenn ich an unsere Zeit zurückdenke, dann freut mich heute ganz besonders

_____
_____
_____
_____
_____

Ich fühle mich heute nicht so gut/gut, weil _____

_____
_____
_____
_____

Heute lese ich Ps 133,1–3; Ri 9,1–57; Apg 15,1–35

Ich rufe an/Ich wurde angerufen von _____ und

das hat mich berührt _____

_____
_____
_____

Das Wetter heute

Mein Barometer der Gefühle

DATUM

Unser Leben auf Erden ist nur ein Hauch, nur ein Augenblick, nur ein kleiner Sonnenstrahl, unterbrochen durch ein paar Wolken.

Richard Fehr

Wenn ich an unsere Zeit zurückdenke, dann freut mich heute ganz besonders

_____
_____
_____
_____
_____

Ich fühle mich heute nicht so gut/gut, weil _____

_____
_____
_____
_____

Heute lese ich Ps 134,1–3; Ri 10,1–12,15; Apg 15,36–16,10

Ich rufe an/Ich wurde angerufen von _____ und

das hat mich berührt _____

_____
_____
_____

Das Wetter heute   Mein Barometer der Gefühle

*Wenn wir aus dieser Welt durch Sterben uns begeben,
so lassen wir den Ort, wir lassen nicht das Leben.*

Friedrich von Logau

DATUM

Wenn ich an unsere Zeit zurückdenke, dann freut mich heute ganz besonders

_____
_____
_____
_____
_____

Ich fühle mich heute nicht so gut/gut, weil _____

_____
_____
_____
_____

Heute lese ich Ps 107,1–9; Ri 13,1–14,20; Apg 16,11–40

Ich rufe an/Ich wurde angerufen von _____ und
das hat mich berührt _____

_____
_____
_____

Das Wetter heute

Mein Barometer der Gefühle

Nie erfahren wir unser Leben stärker als in großer Liebe und in tiefer Trauer.

Rainer Maria Rilke

Wenn ich an unsere Zeit zurückdenke, dann freut mich heute ganz besonders

_____
_____
_____
_____

Ich fühle mich heute nicht so gut/gut, weil _____

_____
_____
_____

Heute lese ich Ps 107,10–16; Ri 15,1–16,31; Apg 17,1–15

Ich rufe an/Ich wurde angerufen von _____ und

das hat mich berührt _____

_____
_____

Das Wetter heute   Mein Barometer der Gefühle

Ich hoffe, dass ich annehmen kann, was heute geschieht.
Ich hoffe, dass ich Kraft finde zu tun, was nur ich tun kann.
unbekannt

DATUM

Wenn ich an unsere Zeit zurückdenke, dann freut mich heute ganz besonders

_____

_____

_____

_____

_____

Ich fühle mich heute nicht so gut/gut, weil _____

_____

_____

_____

_____

Heute lese ich Ps 107,17–22; Ri 17,1–18,31; Apg 17,16–34

Ich rufe an/Ich wurde angerufen von _____ und

das hat mich berührt _____

_____

_____

_____

Das Wetter heute

Mein Barometer der Gefühle

DATUM

Jede Trennung gibt einen Vorgeschmack des Todes, und jedes Wiedersehen einen Vorgeschmack der Auferstehung.

Arthur Schopenhauer

Wenn ich an unsere Zeit zurückdenke, dann freut mich heute ganz besonders

_____
_____
_____
_____
_____

Ich fühle mich heute nicht so gut/gut, weil _____

_____
_____
_____
_____

Heute lese ich Ps 107,23–32; Ri 19,1–21,25; Apg 18,1–22

Ich rufe an/Ich wurde angerufen von _____ und

das hat mich berührt _____

_____
_____
_____

Das Wetter heute

Mein Barometer der Gefühle

Schenk mir dein Lachen, ich habe meins verloren, irgendwo, unterwegs, auf der Suche nach dir.

unbekannt

DATUM

Wenn ich an unsere Zeit zurückdenke, dann freut mich heute ganz besonders

_____
_____
_____
_____
_____

Ich fühle mich heute nicht so gut/gut, weil _____

_____
_____
_____
_____

Heute lese ich Ps 107,33–43; 1Sam 1,1–2,36; Apg 18,23–19,22

Ich rufe an/Ich wurde angerufen von _____ und

das hat mich berührt _____

_____
_____
_____

Das Wetter heute

Mein Barometer der Gefühle

Wer wirklich geliebt hat und liebt, dessen Leben wandelt sich schon vor seinem Sterben in ein Leben mit den Toten. Denn könnte der Liebende seine Toten vergessen?

Karl Rahner

Wenn ich an unsere Zeit zurückdenke, dann freut mich heute ganz besonders

_____
_____
_____
_____

Ich fühle mich heute nicht so gut/gut, weil _____

_____
_____
_____
_____

Heute lese ich Ps 108,1–6; 1Sam 3,1–4,22; Apg 19,23–40

Ich rufe an/Ich wurde angerufen von _____ und

das hat mich berührt _____
_____
_____
_____

Das Wetter heute   Mein Barometer der Gefühle

Man muss durch das Leid und durch die Verzweiflung hindurch, um wieder ans Licht zu kommen.

Heinrich Heine

DATUM

Wenn ich an unsere Zeit zurückdenke, dann freut mich heute ganz besonders
_____
_____
_____
_____
_____

Ich fühle mich heute nicht so gut/gut, weil _____
_____
_____
_____

Heute lese ich Ps 108,7–14; 1Sam 5,1–7,1; Apg 20,1–12

Ich rufe an/Ich wurde angerufen von _____ und

das hat mich berührt _____
_____
_____

Das Wetter heute   Mein Barometer der Gefühle

Und ob ich schon wanderte im finstern Tal, fürchte ich kein Unglück; denn du bist bei mir, dein Stecken und Stab trösten mich.

Psalm 23,4

Wenn ich an unsere Zeit zurückdenke, dann freut mich heute ganz besonders

_____
_____
_____
_____
_____

Ich fühle mich heute nicht so gut/gut, weil _____
_____
_____
_____
_____

Heute lese ich Ps 109,1–20; 1Sam 7,2–8,22; Apg 20,13–38

Ich rufe an/Ich wurde angerufen von _____ und

das hat mich berührt _____
_____
_____
_____

Das Wetter heute   Mein Barometer der Gefühle

Ein Teil von dir wird in uns weiterleben und ein Teil von uns wird immer bei dir sein.

unbekannt

DATUM

Wenn ich an unsere Zeit zurückdenke, dann freut mich heute ganz besonders

_____
_____
_____
_____
_____

Ich fühle mich heute nicht so gut/gut, weil _____
_____
_____
_____

Heute lese ich Ps 109,21–31; 1Sam 9,1–10,27; Apg 21,1–14

Ich rufe an/Ich wurde angerufen von _____ und das hat mich berührt _____
_____
_____
_____

Das Wetter heute

Mein Barometer der Gefühle

DATUM

Abschiede sind immer traurig, egal was der morgige Tag uns bringt.

Janet Leigh

Wenn ich an unsere Zeit zurückdenke, dann freut mich heute ganz besonders

_____
_____
_____
_____
_____

Ich fühle mich heute nicht so gut/gut, weil _____

_____
_____
_____
_____

Heute lese ich Ps 40,1–5; 1Sam 11,1–12,25; Apg 21,15–26

Ich rufe an/Ich wurde angerufen von _____ und

das hat mich berührt _____

_____
_____
_____

Das Wetter heute

Mein Barometer der Gefühle

Einschlafen dürfen, wenn man müde ist, und eine Last fallen lassen dürfen, die man sehr lange getragen hat, das ist eine köstliche, eine wunderbare Sache.

Hermann Hesse

Wenn ich an unsere Zeit zurückdenke, dann freut mich heute ganz besonders

_____
_____
_____
_____
_____

Ich fühle mich heute nicht so gut/gut, weil _____

_____
_____
_____
_____

Heute lese ich Ps 40,6–11; 1Sam 13,1–14,52; Apg 21,27–40a

Ich rufe an/Ich wurde angerufen von _____ und

das hat mich berührt _____

_____
_____
_____

Das Wetter heute   Mein Barometer der Gefühle

DATUM

Es gibt Menschen, die wir in der Erde begraben; aber andere, die wir besonders zärtlich lieben, sind in unser Herz gebettet.

Honoré de Balzac

Wenn ich an unsere Zeit zurückdenke, dann freut mich heute ganz besonders

_____
_____
_____
_____
_____

Ich fühle mich heute nicht so gut/gut, weil _____
_____
_____
_____
_____

Heute lese ich Ps 40,12–18; 1Sam 15,1–16,23; Apg 21,40b–22,30

Ich rufe an/Ich wurde angerufen von _____ und

das hat mich berührt _____
_____
_____
_____

Das Wetter heute

Mein Barometer der Gefühle

Die größte Krankheit ist die, traurig zu sein, dem Herrn nicht zu vertrauen und ihm gleichsam unseren Willen aufzwingen zu wollen.

Papst Johannes XXIII.

DATUM

Wenn ich an unsere Zeit zurückdenke, dann freut mich heute ganz besonders

_____
_____
_____
_____
_____

Ich fühle mich heute nicht so gut/gut, weil _____

_____
_____
_____

Heute lese ich Ps 52,1–6; 1Sam 17,1–18,30; Apg 23,1–11

Ich rufe an/Ich wurde angerufen von _____ und das hat mich berührt _____

_____
_____
_____

Das Wetter heute

Mein Barometer der Gefühle

DATUM

Keinem der Seinen wird Jesus vergessen, was er im Leben hat liebend getan.

Horatius Bonar

Wenn ich an unsere Zeit zurückdenke, dann freut mich heute ganz besonders
_____
_____
_____
_____
_____

Ich fühle mich heute nicht so gut/gut, weil _____
_____
_____
_____
_____

Heute lese ich Ps 52,7–11; 1Sam 19,1–21,1; Apg 23,12–35

Ich rufe an/Ich wurde angerufen von _____ und

das hat mich berührt _____
_____
_____
_____

Das Wetter heute

Mein Barometer der Gefühle

Sie werden weinend kommen, aber ich will sie trösten und leiten.
Jeremia 31,9

Wenn ich an unsere Zeit zurückdenke, dann freut mich heute ganz besonders

_____
_____
_____
_____
_____

Ich fühle mich heute nicht so gut/gut, weil _____

_____
_____
_____
_____

Heute lese ich Ps 53,1–7; 1Sam 21,2–23,28; Apg 24,1–27

Ich rufe an/Ich wurde angerufen von _____ und

das hat mich berührt _____

_____
_____
_____

Das Wetter heute

Mein Barometer der Gefühle

DATUM

Die am Ziel sind, haben Frieden.
unbekannt

Wenn ich an unsere Zeit zurückdenke, dann freut mich heute ganz besonders

_____
_____
_____
_____
_____

Ich fühle mich heute nicht so gut/gut, weil _____

_____
_____
_____
_____

Heute lese ich Ps 54,1–9; 1Sam 24,1–25,44; Apg 25,1–12

Ich rufe an/Ich wurde angerufen von _____ und

das hat mich berührt _____

_____
_____
_____

Das Wetter heute   Mein Barometer der Gefühle

*Manches können wir nicht verstehen,
lebt nur fort, es wird schon gehen.*

Johann Wolfgang von Goethe

Wenn ich an unsere Zeit zurückdenke, dann freut mich heute ganz besonders

_____
_____
_____
_____
_____

Ich fühle mich heute nicht so gut/gut, weil _____

_____
_____
_____
_____

Heute lese ich Ps 55,1–9; 1Sam 26,1–28,25; Apg 25,13–27

Ich rufe an/Ich wurde angerufen von _____ und

das hat mich berührt _____
_____
_____
_____

Das Wetter heute   Mein Barometer der Gefühle

Aus dem Abschied wird eine Begegnung werden, die man sich heute nicht vorstellen kann: Wir sehen uns wieder!

Wilhelm Leber

Wenn ich an unsere Zeit zurückdenke, dann freut mich heute ganz besonders

_____
_____
_____
_____
_____

Ich fühle mich heute nicht so gut/gut, weil _____

_____
_____
_____
_____

Heute lese ich Ps 55,10–16; 1Sam 29,1–31,13; Apg 26,1–32

Ich rufe an/Ich wurde angerufen von _____ und

das hat mich berührt _____

_____
_____
_____

Das Wetter heute   Mein Barometer der Gefühle

Ich will euch nicht als Waisen zurücklassen; ich komme zu euch.
Johannes 14,18

Wenn ich an unsere Zeit zurückdenke, dann freut mich heute ganz besonders

_____

_____

_____

_____

_____

Ich fühle mich heute nicht so gut/gut, weil _____

_____

_____

_____

Heute lese ich Ps 55,17–22; 2Sam 1,1–2,32; Apg 27,1–12

Ich rufe an/Ich wurde angerufen von _____ und

das hat mich berührt _____

_____

_____

_____

Das Wetter heute

Mein Barometer der Gefühle

Tränen kann man trocknen, aber das Herz – niemals.
Margarete von Valois

Wenn ich an unsere Zeit zurückdenke, dann freut mich heute ganz besonders
_____
_____
_____
_____
_____

Ich fühle mich heute nicht so gut/gut, weil _____
_____
_____
_____
_____

Heute lese ich Ps 55,23–24; 2Sam 3,1–4,12; Apg 27,13–44

Ich rufe an/Ich wurde angerufen von _____ und

das hat mich berührt _____
_____
_____
_____

Das Wetter heute   Mein Barometer der Gefühle

Deine Stimme habe ich im Ohr, ich fühle mich angeschaut von deinen Augen.

unbekannt

DATUM

Wenn ich an unsere Zeit zurückdenke, dann freut mich heute ganz besonders

_____
_____
_____
_____
_____

Ich fühle mich heute nicht so gut/gut, weil _____

_____
_____
_____
_____

Heute lese ich Ps 56,1–5; 2Sam 5,1–6,23; Apg 28,1–10

Ich rufe an/Ich wurde angerufen von _____ und

das hat mich berührt _____

_____
_____

Das Wetter heute

Mein Barometer der Gefühle

DATUM

Vom Leid werden wir nur dadurch geheilt, dass wir es in seiner ganzen Tiefe erfahren.

Marcel Proust

Wenn ich an unsere Zeit zurückdenke, dann freut mich heute ganz besonders

_____
_____
_____
_____
_____

Ich fühle mich heute nicht so gut/gut, weil _____

_____
_____
_____
_____

Heute lese ich Ps 56,6–14; 2Sam 7,1–9,13; Apg 28,11–31

Ich rufe an/Ich wurde angerufen von _____ und

das hat mich berührt _____

_____
_____
_____

Das Wetter heute   Mein Barometer der Gefühle

Ich will dich nicht verlassen noch von dir weichen.
Josua 1,5

Wenn ich an unsere Zeit zurückdenke, dann freut mich heute ganz besonders

_____
_____
_____
_____
_____

Ich fühle mich heute nicht so gut/gut, weil _____

_____
_____
_____
_____

Heute lese ich Ps 51,1–8; 2Sam 10,1–12,31; Gal 1,1–24

Ich rufe an/Ich wurde angerufen von _____ und

das hat mich berührt _____

_____
_____
_____

Das Wetter heute   Mein Barometer der Gefühle

Trauer ist die Möglichkeit der Seele, mit Verlusten fertig zu werden.

Jorgos Canacakis

Wenn ich an unsere Zeit zurückdenke, dann freut mich heute ganz besonders
_____
_____
_____
_____

Ich fühle mich heute nicht so gut/gut, weil _____
_____
_____
_____

Heute lese ich Ps 51,9–15; 2Sam 13,1–14,33; Gal 2,1–21

Ich rufe an/Ich wurde angerufen von _____ und

das hat mich berührt _____
_____
_____

Das Wetter heute   Mein Barometer der Gefühle

Mein Kopf sagt, die Zeit heilt, aber mein Herz weint.
unbekannt

 DATUM

Wenn ich an unsere Zeit zurückdenke, dann freut mich heute ganz besonders
_____
_____
_____
_____
_____

Ich fühle mich heute nicht so gut/gut, weil _____
_____
_____
_____
_____

Heute lese ich Ps 51,16–21; 2Sam 15,1–17,29; Gal 3,1–29

Ich rufe an/Ich wurde angerufen von _____ und
das hat mich berührt _____
_____
_____

Das Wetter heute

Mein Barometer der Gefühle

DATUM

*Gott schickt am End' uns Leiden, auf dass uns diese Welt,
wenn wir nun von ihr scheiden, nicht mehr so mächtig hält.*

Justinus Kerner

Wenn ich an unsere Zeit zurückdenke, dann freut mich heute ganz besonders

_____

_____

_____

_____

_____

Ich fühle mich heute nicht so gut/gut, weil _____

_____

_____

_____

_____

Heute lese ich Ps 57,1–6; 2Sam 18,1–19,44; Gal 4,1–31

Ich rufe an/Ich wurde angerufen von _____ und

das hat mich berührt _____

_____

_____

_____

Das Wetter heute   Mein Barometer der Gefühle

Ein tiefes Gebet, aus der Sorge und Not des Herzens heraus, gelangt direkt zum Thron Gottes.

Wilhelm Leber

Wenn ich an unsere Zeit zurückdenke, dann freut mich heute ganz besonders

_____

_____

_____

_____

_____

Ich fühle mich heute nicht so gut/gut, weil _____

_____

_____

_____

_____

Heute lese ich Ps 57,7–12; 2Sam 20,1–21,22; Gal 5,1–26

Ich rufe an/Ich wurde angerufen von _____ und

das hat mich berührt _____

_____

_____

_____

Das Wetter heute

Mein Barometer der Gefühle

Trösten ist eine Kunst des Herzens. Sie besteht oft nur darin, liebevoll zu schweigen und schweigend mitzuleiden.

Otto von Leixner

Wenn ich an unsere Zeit zurückdenke, dann freut mich heute ganz besonders

_____
_____
_____
_____
_____

Ich fühle mich heute nicht so gut/gut, weil _____

_____
_____
_____
_____

Heute lese ich Ps 58,1–6; 2Sam 22,1–51; Gal 6,1–18

Ich rufe an/Ich wurde angerufen von _____ und

das hat mich berührt _____

_____
_____
_____

Das Wetter heute   Mein Barometer der Gefühle

Gottes Wege sind dunkel, aber das Dunkel liegt nur auf unseren Augen, nicht auf unseren Wegen.

Matthias Claudius

DATUM

Wenn ich an unsere Zeit zurückdenke, dann freut mich heute ganz besonders

_____
_____
_____
_____
_____

Ich fühle mich heute nicht so gut/gut, weil _____

_____
_____
_____
_____

Heute lese ich Ps 58,7–12; 2Sam 23,1–24,25; 1Thess 1,1–10

Ich rufe an/Ich wurde angerufen von _____ und

das hat mich berührt _____

_____
_____
_____

Das Wetter heute

Mein Barometer der Gefühle

Traurigkeit ist nur eine Mauer zwischen zwei Gärten.

Khalil Gibran

Wenn ich an unsere Zeit zurückdenke, dann freut mich heute ganz besonders

_____

_____

_____

_____

_____

Ich fühle mich heute nicht so gut/gut, weil _____

_____

_____

_____

_____

Heute lese ich Ps 59,1–6; Spr 1,1–2,22; 1Thess 2,1–20

Ich rufe an/Ich wurde angerufen von _____ und

das hat mich berührt _____

_____

_____

_____

Das Wetter heute   Mein Barometer der Gefühle

Mit dem Tod eines Menschen müssen wir etwas Kostbares zurückgeben, das uns Gott nur geliehen hat.

unbekannt

DATUM

Wenn ich an unsere Zeit zurückdenke, dann freut mich heute ganz besonders

_____
_____
_____
_____
_____

Ich fühle mich heute nicht so gut/gut, weil _____
_____
_____
_____
_____

Heute lese ich Ps 59,7–14; Spr 3,1–4,27; 1Thess 3,1–13

Ich rufe an/Ich wurde angerufen von _____ und

das hat mich berührt _____
_____
_____
_____

Das Wetter heute

Mein Barometer der Gefühle

Wer im Gedächtnis seiner Lieben lebt, der ist nicht tot, der ist nur fern; tot ist nur, wer vergessen wird.

Joseph Christian von Zedlitz

Wenn ich an unsere Zeit zurückdenke, dann freut mich heute ganz besonders

_____
_____
_____
_____
_____

Ich fühle mich heute nicht so gut/gut, weil _____

_____
_____
_____
_____

Heute lese ich Ps 59,15–18; Spr 5,1–7,27; 1Thess 4,1–18

Ich rufe an/Ich wurde angerufen von _____ und

das hat mich berührt _____
_____
_____
_____

Das Wetter heute   Mein Barometer der Gefühle

Unerschüttert bleibt das Herz, wenngleich Tränen fließen.
Vergil

Wenn ich an unsere Zeit zurückdenke, dann freut mich heute ganz besonders

_____

_____

_____

_____

_____

Ich fühle mich heute nicht so gut/gut, weil _____

_____

_____

_____

Heute lese ich Ps 62,1–7; Spr 8,1–9,18; 1Thess 5,1–28

Ich rufe an/Ich wurde angerufen von _____ und

das hat mich berührt _____

_____

_____

Das Wetter heute

Mein Barometer der Gefühle

*Alles, was schön ist, bleibt auch schön, auch wenn es welkt.
Und unsere Liebe bleibt Liebe, auch wenn wir sterben.*

Maxim Gorki

Wenn ich an unsere Zeit zurückdenke, dann freut mich heute ganz besonders

Ich fühle mich heute nicht so gut/gut, weil

Heute lese ich Ps 62,8–13; Spr 10,1–11,31; 2Thess 1,1–12

Ich rufe an/Ich wurde angerufen von _____ und

das hat mich berührt

Das Wetter heute   Mein Barometer der Gefühle

Das Schönste, was ein Mensch hinterlassen kann, ist ein Lächeln im Gesicht derjenigen, die an ihn denken.

unbekannt

DATUM

Wenn ich an unsere Zeit zurückdenke, dann freut mich heute ganz besonders

_____

_____

_____

_____

_____

Ich fühle mich heute nicht so gut/gut, weil _____

_____

_____

_____

_____

Heute lese ich Ps 71,1–8; Spr 12,1–13,25; 2Thess 2,1–17

Ich rufe an/Ich wurde angerufen von _____ und

das hat mich berührt _____

_____

_____

_____

Das Wetter heute   Mein Barometer der Gefühle

Gebe denn, der über uns wägt mit rechter Waage, jedem Sinn für seine Freuden, jedem Mut für seinen Leiden in die neuen Tage.

Johann Peter Hebel

Wenn ich an unsere Zeit zurückdenke, dann freut mich heute ganz besonders

_____
_____
_____
_____
_____

Ich fühle mich heute nicht so gut/gut, weil _____
_____
_____
_____
_____

Heute lese ich Ps 71,9–16; Spr 14,1–15,33; 2 Thess 3,1–18

Ich rufe an/Ich wurde angerufen von _____ und

das hat mich berührt _____
_____
_____
_____

Das Wetter heute   Mein Barometer der Gefühle

Die Seele ist ein Quell, der sich in Tränen offenbart. Wer nicht weint, weiß nicht, dass er eine Seele hat.

Miguel de Unamuno

DATUM

Wenn ich an unsere Zeit zurückdenke, dann freut mich heute ganz besonders

_____

_____

_____

_____

_____

Ich fühle mich heute nicht so gut/gut, weil _____

_____

_____

_____

_____

Heute lese ich Ps 71,17–21; Spr 16,1–17,28; Jak 1,1–27

Ich rufe an/Ich wurde angerufen von _____ und

das hat mich berührt _____

_____

_____

_____

Das Wetter heute

Mein Barometer der Gefühle

Nicht das Freuen, nicht das Leiden stellt den Wert des Menschen dar, immer nur wird das entscheiden, was der Mensch dem Menschen war.

Ludwig Uhland

Wenn ich an unsere Zeit zurückdenke, dann freut mich heute ganz besonders

_____
_____
_____
_____
_____

Ich fühle mich heute nicht so gut/gut, weil _____

_____
_____
_____
_____

Heute lese ich Ps 71,22–24; Spr 18,1–19,29; Jak 2,1–26

Ich rufe an/Ich wurde angerufen von _____ und

das hat mich berührt _____

_____
_____
_____

Das Wetter heute   Mein Barometer der Gefühle

Und Gott wird abwischen alle Tränen von ihren Augen, und der Tod wird nicht mehr sein, noch Leid noch Geschrei noch Schmerz wird mehr sein...

Offenbarung 21,4

Wenn ich an unsere Zeit zurückdenke, dann freut mich heute ganz besonders

_____

_____

_____

_____

_____

Ich fühle mich heute nicht so gut/gut, weil _____

_____

_____

_____

_____

Heute lese ich Ps 1,1–6; Spr 20,1–22,16; Jak 3,1–18

Ich rufe an/Ich wurde angerufen von _____ und

das hat mich berührt _____

_____

_____

_____

Das Wetter heute   Mein Barometer der Gefühle

Die Zeit heilt nicht alle Wunden; sie lehrt uns nur, mit dem Unbegreiflichen zu leben.

unbekannt

Wenn ich an unsere Zeit zurückdenke, dann freut mich heute ganz besonders

_____
_____
_____
_____
_____

Ich fühle mich heute nicht so gut/gut, weil _____

_____
_____
_____
_____

Heute lese ich Ps 72,1–11; Spr 22,17–24,34; Jak 4,1–17

Ich rufe an/Ich wurde angerufen von _____ und

das hat mich berührt _____

_____
_____
_____

Das Wetter heute   Mein Barometer der Gefühle

Ein jegliches hat seine Zeit, und alles Vorhaben unter dem Himmel hat seine Stunde: geboren werden hat seine Zeit, sterben hat seine Zeit …

Prediger 3,1.2

DATUM

Wenn ich an unsere Zeit zurückdenke, dann freut mich heute ganz besonders

_____
_____
_____
_____
_____

Ich fühle mich heute nicht so gut/gut, weil _____

_____
_____
_____
_____

Heute lese ich Ps 72,12–20; Spr 30,1–31,31; Jak 5,1–20

Ich rufe an/Ich wurde angerufen von _____ und

das hat mich berührt _____

_____
_____
_____

Das Wetter heute   Mein Barometer der Gefühle

Mit dem Tod eines lieben Menschen verliert man vieles, niemals aber die gemeinsam verbrachte schöne Zeit.

unbekannt

Wenn ich an unsere Zeit zurückdenke, dann freut mich heute ganz besonders

_____
_____
_____
_____
_____

Ich fühle mich heute nicht so gut/gut, weil _____

_____
_____
_____
_____

Heute lese ich Ps 44,1–4; 1Kön 1,1–2,46; 1Tim 1,1–20

Ich rufe an/Ich wurde angerufen von _____ und

das hat mich berührt _____

_____
_____
_____

Das Wetter heute   Mein Barometer der Gefühle

Du hast unseren Garten verlassen, aber deine Blumen blühen weiter.

Rainer Maria Rilke

DATUM

Wenn ich an unsere Zeit zurückdenke, dann freut mich heute ganz besonders

_____

_____

_____

_____

_____

Ich fühle mich heute nicht so gut/gut, weil _____

_____

_____

_____

_____

Heute lese ich Ps 44,5–9; 1Kön 3,1–5,32; 1Tim 2,1–15

Ich rufe an/Ich wurde angerufen von _____ und

das hat mich berührt _____

_____

_____

_____

Das Wetter heute   Mein Barometer der Gefühle

DATUM *Trost ist wie eine lindernde Salbe auf einer Wunde.*
                                                                    Phil Bosmans

Wenn ich an unsere Zeit zurückdenke, dann freut mich heute ganz besonders
_____
_____
_____
_____
_____

Ich fühle mich heute nicht so gut/gut, weil _____
_____
_____
_____
_____

Heute lese ich Ps 44,10–17; 1Kön 6,1–7,51; 1Tim 3,1–16

Ich rufe an/Ich wurde angerufen von _____ und
das hat mich berührt _____
_____
_____
_____

Das Wetter heute   Mein Barometer der Gefühle

Hab Vertrauen zur Trauer, nur so gelangst du hindurch.

unbekannt

Wenn ich an unsere Zeit zurückdenke, dann freut mich heute ganz besonders

_____

_____

_____

_____

_____

Ich fühle mich heute nicht so gut/gut, weil _____

_____

_____

_____

_____

Heute lese ich Ps 44,18–27; 1Kön 8,1–66; 1Tim 4,1–16

Ich rufe an/Ich wurde angerufen von _____ und

das hat mich berührt _____

_____

_____

_____

Das Wetter heute

Mein Barometer der Gefühle

Zu wem soll ich rufen, Herr, zu wem meine Zuflucht nehmen, wenn nicht zu dir?

Blaise Pascal

Wenn ich an unsere Zeit zurückdenke, dann freut mich heute ganz besonders

_____
_____
_____
_____
_____

Ich fühle mich heute nicht so gut/gut, weil _____

_____
_____
_____
_____

Heute lese ich Ps 45,1–6; 1Kön 9,1–10,29; 1Tim 5,1–25

Ich rufe an/Ich wurde angerufen von _____ und

das hat mich berührt _____

_____
_____
_____

Das Wetter heute

Mein Barometer der Gefühle

In den Herzen weiter leben, heißt unsterblich zu sein.
                                          Samuel Smiles

 DATUM

Wenn ich an unsere Zeit zurückdenke, dann freut mich heute ganz besonders

_____
_____
_____
_____
_____

Ich fühle mich heute nicht so gut/gut, weil _____

_____
_____
_____
_____

Heute lese ich Ps 45,7–13; 1Kön 11,1–12,19; 1Tim 6,1–21

Ich rufe an/Ich wurde angerufen von _____ und

das hat mich berührt _____

_____
_____
_____

Das Wetter heute   Mein Barometer der Gefühle

Angst und Not kann durch Beten gelindert werden.

Richard Fehr

Wenn ich an unsere Zeit zurückdenke, dann freut mich heute ganz besonders

_____

_____

_____

_____

_____

Ich fühle mich heute nicht so gut/gut, weil _____

_____

_____

_____

_____

Heute lese ich Ps 45,14–18; 1Kön 12,20–14,20; 2Tim 1,1–18

Ich rufe an/Ich wurde angerufen von _____ und

das hat mich berührt _____

_____

_____

_____

Das Wetter heute Mein Barometer der Gefühle

Von den Gedanken nimmt die Seele ihre Farbe an.
                                            Marc Aurel

Wenn ich an unsere Zeit zurückdenke, dann freut mich heute ganz besonders

_____
_____
_____
_____
_____

Ich fühle mich heute nicht so gut/gut, weil _____

_____
_____
_____
_____

Heute lese ich Ps 46,1–8; 1Kön 14,21–16,28; 2Tim 2,1–26

Ich rufe an/Ich wurde angerufen von _____ und

das hat mich berührt _____

_____
_____
_____

Das Wetter heute   Mein Barometer der Gefühle

DATUM *Im Garten der Zeit wächst die Blume des Trostes.*
Rumänisches Sprichwort

Wenn ich an unsere Zeit zurückdenke, dann freut mich heute ganz besonders
_____
_____
_____
_____
_____

Ich fühle mich heute nicht so gut/gut, weil _____
_____
_____
_____
_____

Heute lese ich Ps 46,9–12; 1Kön 16,29–18,46; 2Tim 3,1–17

Ich rufe an/Ich wurde angerufen von _____ und
das hat mich berührt _____
_____
_____
_____

Das Wetter heute   Mein Barometer der Gefühle

Wo du hingehst, da will ich auch hingehen; wo du bleibst, da bleibe ich auch. Dein Volk ist mein Volk, und dein Gott ist mein Gott. Wo du stirbst, da sterbe ich auch, da will ich auch begraben werden.

Rut 1,16.17

Wenn ich an unsere Zeit zurückdenke, dann freut mich heute ganz besonders

_____
_____
_____
_____
_____

Ich fühle mich heute nicht so gut/gut, weil _____

_____
_____
_____
_____

Heute lese ich Ps 47,1–5; 1Kön 19,1–20,43; 2Tim 4,1–22

Ich rufe an/Ich wurde angerufen von _____ und

das hat mich berührt _____

_____
_____
_____

Das Wetter heute   Mein Barometer der Gefühle

Den Toten ist es wohler in den Kammern der Freude.

unbekannt

Wenn ich an unsere Zeit zurückdenke, dann freut mich heute ganz besonders
_____
_____
_____
_____
_____
_____

Ich fühle mich heute nicht so gut/gut, weil _____
_____
_____
_____
_____

Heute lese ich Ps 47,6–10; 1Kön 21,1–22,40; Tit 1,1–16

Ich rufe an/Ich wurde angerufen von _____ und

das hat mich berührt _____
_____
_____
_____

Das Wetter heute   Mein Barometer der Gefühle

Abschiednehmen ist eine Kunst, die unser Herz sich weigert zu erlernen.

Stefan Zweig

DATUM

Wenn ich an unsere Zeit zurückdenke, dann freut mich heute ganz besonders

_____
_____
_____
_____
_____

Ich fühle mich heute nicht so gut/gut, weil _____

_____
_____
_____
_____

Heute lese ich Ps 48,1–8; 1Kön 22,41–2Kön 1,18; Tit 2,1–15

Ich rufe an/Ich wurde angerufen von _____ und

das hat mich berührt _____

_____
_____

Das Wetter heute

Mein Barometer der Gefühle

Es ist Zeit, dass wir gehen. Ich, um zu sterben und ihr, um weiterzuleben.

Sokrates

Wenn ich an unsere Zeit zurückdenke, dann freut mich heute ganz besonders

_____
_____
_____
_____
_____

Ich fühle mich heute nicht so gut/gut, weil _____

_____
_____
_____
_____

Heute lese ich Ps 48,9–15; 2Kön 2,1–3,27; Tit 3,1–15

Ich rufe an/Ich wurde angerufen von _____ und

das hat mich berührt _____

_____
_____
_____

Das Wetter heute   Mein Barometer der Gefühle

Reich ist, wer mehr Träume in seiner Seele hat, als die Realität zerstören kann.

unbekannt

DATUM

···

Wenn ich an unsere Zeit zurückdenke, dann freut mich heute ganz besonders

_____
_____
_____
_____
_____

Ich fühle mich heute nicht so gut/gut, weil _____

_____
_____
_____
_____

Heute lese ich Ps 49,1–5; 2Kön 4,1–5,27; Phlm 1,1–25

Ich rufe an/Ich wurde angerufen von _____ und

das hat mich berührt _____

_____
_____
_____

···

Das Wetter heute   Mein Barometer der Gefühle

DATUM *Abschiedsworte müssen kurz sein wie Liebeserklärungen.*
Theodor Fontane

Wenn ich an unsere Zeit zurückdenke, dann freut mich heute ganz besonders
_____
_____
_____
_____

Ich fühle mich heute nicht so gut/gut, weil _____
_____
_____
_____

Heute lese ich Ps 49,6–16; 2Kön 6,1–8,29; 1Petr 1,1–25

Ich rufe an/Ich wurde angerufen von _____ und
das hat mich berührt _____
_____
_____

Das Wetter heute

Mein Barometer der Gefühle

*Befiehl dem Herrn deine Wege und hoffe auf ihn,
er wird's wohlmachen.*

Psalm 37,5

Wenn ich an unsere Zeit zurückdenke, dann freut mich heute ganz besonders

_____

_____

_____

_____

_____

Ich fühle mich heute nicht so gut/gut, weil _____

_____

_____

_____

_____

Heute lese ich Ps 49,17–21; 2Kön 9,1–10,36; 1Petr 2,1–25

Ich rufe an/Ich wurde angerufen von _____ und

das hat mich berührt _____

_____

_____

_____

Das Wetter heute

Mein Barometer der Gefühle

DATUM

Ein guter, edler Mensch, der mit uns gelebt, kann uns nicht genommen werden, er lässt eine leuchtende Spur zurück gleich jenen erloschenen Sternen, deren Bild noch nach Jahrhunderten die Erdbewohner sehen.

Thomas Carlyle

Wenn ich an unsere Zeit zurückdenke, dann freut mich heute ganz besonders

_____
_____
_____
_____
_____

Ich fühle mich heute nicht so gut/gut, weil _____

_____
_____
_____
_____

Heute lese ich Ps 50,1–6; 2Kön 11,1–13,25; 1Petr 3,1–22

Ich rufe an/Ich wurde angerufen von _____ und

das hat mich berührt _____

_____
_____
_____

Das Wetter heute

Mein Barometer der Gefühle

Der Tod ist die Grenze des Lebens, aber nicht die Grenze der Liebe.

unbekannt

DATUM

Wenn ich an unsere Zeit zurückdenke, dann freut mich heute ganz besonders
_____
_____
_____
_____
_____
_____

Ich fühle mich heute nicht so gut/gut, weil _____
_____
_____
_____
_____

Heute lese ich Ps 50,7–15; 2Kön 14,1–15,38; 1Petr 4,1–19

Ich rufe an/Ich wurde angerufen von _____ und

das hat mich berührt _____
_____
_____
_____

Das Wetter heute

Mein Barometer der Gefühle

Durch das Weinen fließt die Traurigkeit aus der Seele hinaus.
Thomas von Aquin

Wenn ich an unsere Zeit zurückdenke, dann freut mich heute ganz besonders

_____
_____
_____
_____

Ich fühle mich heute nicht so gut/gut, weil _____

_____
_____
_____

Heute lese ich Ps 50,16–23; 2Kön 16,1–17,41; 1Petr 5,1–14

Ich rufe an/Ich wurde angerufen von _____ und

das hat mich berührt _____

_____
_____
_____

Das Wetter heute   Mein Barometer der Gefühle

Auch für dich leuchtet am Himmel ein Stern.
unbekannt

Wenn ich an unsere Zeit zurückdenke, dann freut mich heute ganz besonders

_____
_____
_____
_____
_____

Ich fühle mich heute nicht so gut/gut, weil _____

_____
_____
_____
_____

Heute lese ich Ps 41,1–4 ; 2Kön 18,1–20,21; 2Petr 1,1–21

Ich rufe an/Ich wurde angerufen von _____ und

das hat mich berührt _____

_____
_____
_____

Das Wetter heute   Mein Barometer der Gefühle

Der Tod ist gewissermaßen eine Unmöglichkeit, die plötzlich zur Wirklichkeit wird.

Johann Wolfgang von Goethe

Wenn ich an unsere Zeit zurückdenke, dann freut mich heute ganz besonders

___

___

___

___

___

Ich fühle mich heute nicht so gut/gut, weil ___

___

___

___

___

Heute lese ich Ps 41,5–11; 2Kön 21,1–23,30; 2Petr 2,1–22

Ich rufe an/Ich wurde angerufen von ___ und

das hat mich berührt ___

___

___

___

Das Wetter heute   Mein Barometer der Gefühle

Da ist ein Land der Lebenden und ein Land der Toten. Und die Brücke zwischen ihnen ist die Liebe – das einzig Bleibende, der einzige Sinn.

Thornton Wilder

Wenn ich an unsere Zeit zurückdenke, dann freut mich heute ganz besonders

_____
_____
_____
_____
_____

Ich fühle mich heute nicht so gut/gut, weil _____
_____
_____
_____

Heute lese ich Ps 41,12–14; 2Kön 23,31–25,30; 2Petr 3,1–18

Ich rufe an/Ich wurde angerufen von _____ und

das hat mich berührt _____
_____
_____
_____

Das Wetter heute

Mein Barometer der Gefühle

Menschen, die man liebt, sind wie Sterne. Sie funkeln und leuchten noch lange nach ihrem Erlöschen.

unbekannt

Wenn ich an unsere Zeit zurückdenke, dann freut mich heute ganz besonders

_____

_____

_____

_____

_____

Ich fühle mich heute nicht so gut/gut, weil _____

_____

_____

_____

_____

Heute lese ich Ps 32,1–5; Jes 1,1–2,22; Eph 1,1–14

Ich rufe an/Ich wurde angerufen von _____ und

das hat mich berührt _____

_____

_____

_____

Das Wetter heute

Mein Barometer der Gefühle

Siehe, um Trost war mir sehr bange. Du aber hast dich meiner Seele herzlich angenommen, dass sie nicht verdürbe …
Jesaja 38,17

DATUM

Wenn ich an unsere Zeit zurückdenke, dann freut mich heute ganz besonders

_____
_____
_____
_____
_____
_____

Ich fühle mich heute nicht so gut/gut, weil _____

_____
_____
_____
_____

Heute lese ich Ps 32,6–11; Jes 3,1–5,7; Eph 1,15–2,22

Ich rufe an/Ich wurde angerufen von _____ und

das hat mich berührt _____

_____
_____
_____

Das Wetter heute

Mein Barometer der Gefühle

DATUM

Haben wir Gutes empfangen von Gott, und sollten das Böse nicht auch annehmen?

Hiob 2,10

Wenn ich an unsere Zeit zurückdenke, dann freut mich heute ganz besonders

_____
_____
_____
_____
_____
_____

Ich fühle mich heute nicht so gut/gut, weil _____

_____
_____
_____
_____
_____

Heute lese ich Ps 92,1–9; Jes 5,8–7,25; Eph 3,1–21

Ich rufe an/Ich wurde angerufen von _____ und

das hat mich berührt _____

_____
_____
_____

Das Wetter heute   Mein Barometer der Gefühle

Ein Teil von dir wird in uns weiterleben und ein Teil von uns wird immer bei dir sein.

unbekannt

DATUM

Wenn ich an unsere Zeit zurückdenke, dann freut mich heute ganz besonders

_____
_____
_____
_____
_____

Ich fühle mich heute nicht so gut/gut, weil _____

_____
_____
_____
_____

Heute lese ich Ps 92,10–16; Jes 8,1–10,4; Eph 4,1–16

Ich rufe an/Ich wurde angerufen von _____ und

das hat mich berührt _____

_____
_____
_____

Das Wetter heute

Mein Barometer der Gefühle

Dein Reich komme. Dein Wille geschehe wie im Himmel so auf Erden.

Matthäus 6,10

Wenn ich an unsere Zeit zurückdenke, dann freut mich heute ganz besonders

_____

_____

_____

_____

_____

Ich fühle mich heute nicht so gut/gut, weil _____

_____

_____

_____

_____

Heute lese ich Ps 93,1–5; Jes 10,5–12,6; Eph 4,17–5,20

Ich rufe an/Ich wurde angerufen von _____ und

das hat mich berührt _____

_____

_____

_____

Das Wetter heute   Mein Barometer der Gefühle

Der Tod ist kein Abschnitt des Daseins, sondern nur ein Zwischenereignis, ein Übergang aus einer Form des endlichen Lebens in die andere.

Wilhelm von Humboldt

Wenn ich an unsere Zeit zurückdenke, dann freut mich heute ganz besonders

___

Ich fühle mich heute nicht so gut/gut, weil ___

Heute lese ich Ps 64,1–5; Jes 13,1–16,14; Eph 5,21–6,9

Ich rufe an/Ich wurde angerufen von ___ und das hat mich berührt ___

Das Wetter heute

Mein Barometer der Gefühle

Denn er hat seinen Engeln befohlen, dass sie dich behüten auf allen deinen Wegen.

Psalm 91,11

Wenn ich an unsere Zeit zurückdenke, dann freut mich heute ganz besonders
_____
_____
_____
_____
_____

Ich fühle mich heute nicht so gut/gut, weil _____
_____
_____
_____
_____

Heute lese ich Ps 64,6–11; Jes 17,1–20,6; Eph 6,10–24

Ich rufe an/Ich wurde angerufen von _____ und

das hat mich berührt _____
_____
_____

Das Wetter heute

Mein Barometer der Gefühle

Und immer, wenn wir von dir sprechen, fallen Sonnenstrahlen in unsere Herzen und halten dich fest umfangen, so, als wärst du nie gegangen.

unbekannt

DATUM

Wenn ich an unsere Zeit zurückdenke, dann freut mich heute ganz besonders

_____
_____
_____
_____
_____

Ich fühle mich heute nicht so gut/gut, weil _____
_____
_____
_____

Heute lese ich Ps 65,1–9; Jes 21,1–23,18; Röm 1,1–17

Ich rufe an/Ich wurde angerufen von _____ und

das hat mich berührt _____
_____
_____

Das Wetter heute

Mein Barometer der Gefühle

Dennoch bleibe ich stets an dir; denn du hältst mich bei meiner rechten Hand, du leitest mich nach deinem Rat und nimmst mich am Ende mit Ehren an.

Psalm 73,23.24

Wenn ich an unsere Zeit zurückdenke, dann freut mich heute ganz besonders

_____
_____
_____
_____
_____

Ich fühle mich heute nicht so gut/gut, weil _____

_____
_____
_____
_____

Heute lese ich Ps 65,10–14; Jes 24,1–25,12; Röm 1,18–32

Ich rufe an/Ich wurde angerufen von _____ und

das hat mich berührt _____

_____
_____
_____

Das Wetter heute   Mein Barometer der Gefühle

Es ist schön, zu wissen, dass der Verstorbene eingebettet ist in die Liebe Gottes. So können wir getrost Abschied nehmen.
Wilhelm Leber

Wenn ich an unsere Zeit zurückdenke, dann freut mich heute ganz besonders

_____
_____
_____
_____
_____

Ich fühle mich heute nicht so gut/gut, weil _____

_____
_____
_____
_____

Heute lese ich Ps 66,1–4; Jes 26,1–27,13; Röm 2,1–3,20

Ich rufe an/Ich wurde angerufen von _____ und

das hat mich berührt _____

_____
_____
_____

Das Wetter heute   Mein Barometer der Gefühle

Das Einzige, was ewig dauert, ist die Liebe.
　　　　　　　　　　　　　　　　　　　unbekannt

Wenn ich an unsere Zeit zurückdenke, dann freut mich heute ganz besonders
_____
_____
_____
_____
_____

Ich fühle mich heute nicht so gut/gut, weil _____
_____
_____
_____
_____

Heute lese ich Ps 66,5–12; Jes 28,1–29,24; Röm 3,21–31

Ich rufe an/Ich wurde angerufen von _____ und

das hat mich berührt _____
_____
_____
_____

Das Wetter heute　　　　　　　　　Mein Barometer der Gefühle

Ich, ich bin euer Tröster!
Jesaja 51, aus 12

Wenn ich an unsere Zeit zurückdenke, dann freut mich heute ganz besonders
_____
_____
_____
_____
_____
_____

Ich fühle mich heute nicht so gut/gut, weil _____
_____
_____
_____
_____

Heute lese ich Ps 66,13–20; Jes 30,1–31,9; Röm 4,1–25

Ich rufe an/Ich wurde angerufen von _____ und

das hat mich berührt _____
_____
_____
_____

Das Wetter heute   Mein Barometer der Gefühle

Aller Sinn des Lebens ist erfüllt, wo Liebe ist.
unbekannt

Wenn ich an unsere Zeit zurückdenke, dann freut mich heute ganz besonders
_____
_____
_____
_____

Ich fühle mich heute nicht so gut/gut, weil _____
_____
_____
_____

Heute lese ich Ps 67,1–8; Jes 32,1–35,10; Röm 5,1–11

Ich rufe an/Ich wurde angerufen von _____ und
das hat mich berührt _____
_____
_____

Das Wetter heute   Mein Barometer der Gefühle

Und siehe, ich bin bei euch alle Tage bis an der Welt Ende.
Matthäus 28,20

DATUM

Wenn ich an unsere Zeit zurückdenke, dann freut mich heute ganz besonders

_____
_____
_____
_____
_____

Ich fühle mich heute nicht so gut/gut, weil _____

_____
_____
_____
_____

Heute lese ich Ps 21,1–7; Jes 36,1–37,38; Röm 5,12–21

Ich rufe an/Ich wurde angerufen von _____ und

das hat mich berührt _____

_____
_____
_____

Das Wetter heute

Mein Barometer der Gefühle

Wir sind von Gott umgeben auch hier in Raum und Zeit und werden sein und leben in Gott in Ewigkeit.

Arno Pötzsch

Wenn ich an unsere Zeit zurückdenke, dann freut mich heute ganz besonders

_____
_____
_____
_____
_____

Ich fühle mich heute nicht so gut/gut, weil _____

_____
_____
_____
_____

Heute lese ich Ps 21,8–14; Jes 38,1–39,8; Röm 6,1–23

Ich rufe an/Ich wurde angerufen von _____ und

das hat mich berührt _____

_____
_____
_____

Das Wetter heute

Mein Barometer der Gefühle

Wir wollen euch aber, liebe Brüder, nicht im Ungewissen lassen über die, die entschlafen sind, damit ihr nicht traurig seid wie die andern, die keine Hoffnung haben. Denn wenn wir glauben, dass Jesus gestorben und auferstanden ist, so wird Gott auch die, die entschlafen sind, durch Jesus mit ihm einherführen.

1. Thessalonicher 4,13.14

Wenn ich an unsere Zeit zurückdenke, dann freut mich heute ganz besonders

_____
_____
_____
_____
_____

Ich fühle mich heute nicht so gut/gut, weil _____

_____
_____
_____
_____

Heute lese ich Ps 94,1–7; Jes 40,1–41,29; Röm 7,1–25

Ich rufe an/Ich wurde angerufen von _____ und

das hat mich berührt _____

_____
_____
_____

Das Wetter heute   Mein Barometer der Gefühle

Ich glaube, dass wenn der Tod unsere Augen schließt, wir in einem Lichte stehen, von dem unser Sonnenlicht nur der Schatten ist.

Arthur Schopenhauer

Wenn ich an unsere Zeit zurückdenke, dann freut mich heute ganz besonders

_____
_____
_____
_____
_____

Ich fühle mich heute nicht so gut/gut, weil _____

_____
_____
_____
_____

Heute lese ich Ps 94,8–15; Jes 42,1–43,28; Röm 8,1–17

Ich rufe an/Ich wurde angerufen von _____ und

das hat mich berührt _____

_____
_____
_____

Das Wetter heute   Mein Barometer der Gefühle

Wenn du bei Nacht den Himmel anschaust, wird es dir sein, als lachten alle Sterne, weil ich auf einem von ihnen wohne, weil ich auf einem von ihnen lache.

Antoine de Saint-Exupéry

DATUM

Wenn ich an unsere Zeit zurückdenke, dann freut mich heute ganz besonders

_____
_____
_____
_____
_____

Ich fühle mich heute nicht so gut/gut, weil _____

_____
_____
_____
_____

Heute lese ich Ps 94,16–23 ; Jes 44,1–45,25; Röm 8,18–39

Ich rufe an/Ich wurde angerufen von _____ und

das hat mich berührt _____

_____
_____
_____

Das Wetter heute

Mein Barometer der Gefühle

Die Hoffnung sieht, was noch nicht ist und was sein wird.
Charles Péguy

Wenn ich an unsere Zeit zurückdenke, dann freut mich heute ganz besonders
_____
_____
_____
_____
_____

Ich fühle mich heute nicht so gut/gut, weil _____
_____
_____
_____
_____

Heute lese ich Ps 68,1–7; Jes 46,1–47,15; Röm 9,1–29

Ich rufe an/Ich wurde angerufen von _____ und

das hat mich berührt _____
_____
_____
_____

Das Wetter heute   Mein Barometer der Gefühle

Die mit Tränen säen, werden mit Freuden ernten. Sie gehen hin und weinen und streuen ihren Samen und kommen mit Freuden und bringen ihre Gaben.

Psalm 126, 5.6

DATUM

Wenn ich an unsere Zeit zurückdenke, dann freut mich heute ganz besonders

_____
_____
_____
_____
_____

Ich fühle mich heute nicht so gut/gut, weil _____
_____
_____
_____

Heute lese ich Ps 68,8–13; Jes 48,1–49,26; Röm 9,30–10,21

Ich rufe an/Ich wurde angerufen von _____ und das hat mich berührt _____
_____
_____
_____

Das Wetter heute   Mein Barometer der Gefühle

DATUM

*Gott ist mein Hort! Und auf sein Wort soll meine Seele trauen.
Ich wandle hier, mein Gott, vor dir im Glauben, nicht im Schauen.*

Christian Fürchtegott Gellert

Wenn ich an unsere Zeit zurückdenke, dann freut mich heute ganz besonders

_____
_____
_____
_____
_____

Ich fühle mich heute nicht so gut/gut, weil _____

_____
_____
_____
_____

Heute lese ich Ps 68,14–19; Jes 50,1–52,12; Röm 11,1–24

Ich rufe an/Ich wurde angerufen von _____ und

das hat mich berührt _____

_____
_____
_____

Das Wetter heute   Mein Barometer der Gefühle

Seid fröhlich in Hoffnung, geduldig in Trübsal, beharrlich im Gebet.

Römer 12,12

Wenn ich an unsere Zeit zurückdenke, dann freut mich heute ganz besonders

_____
_____
_____
_____
_____

Ich fühle mich heute nicht so gut/gut, weil _____
_____
_____
_____
_____

Heute lese ich Ps 68,20–28; Jes 52,13–55,13; Röm 11,25–36

Ich rufe an/Ich wurde angerufen von _____ und

das hat mich berührt _____
_____
_____
_____

Das Wetter heute

Mein Barometer der Gefühle

*Der Tod ist kein Untergang, sondern ein Übergang: vom Erden-
wanderweg hinein in die Ewigkeit.*

Cyprian von Karthago

Wenn ich an unsere Zeit zurückdenke, dann freut mich heute ganz besonders

_____
_____
_____
_____
_____

Ich fühle mich heute nicht so gut/gut, weil _____

_____
_____
_____
_____

Heute lese ich Ps 68,29–32; Jes 56,1–57,21; Röm 12,1–21

Ich rufe an/Ich wurde angerufen von _____ und

das hat mich berührt _____

_____
_____
_____

Das Wetter heute   Mein Barometer der Gefühle

Der Herr ist mein Hirte, mir wird nichts mangeln.

Psalm 23,1

· ·

Wenn ich an unsere Zeit zurückdenke, dann freut mich heute ganz besonders

_____

_____

_____

_____

Ich fühle mich heute nicht so gut/gut, weil _____

_____

_____

_____

Heute lese ich Ps 68,33–36; Jes 58,1–59,21; Röm 13,1–14

Ich rufe an/Ich wurde angerufen von _____ und

das hat mich berührt _____

_____

_____

· ·

Das Wetter heute

Mein Barometer der Gefühle

Was geschieht, wenn wir den Tag des Herrn erleben?
Wir werden vereint mit denen, die uns vorausgeeilt sind.

Wilhelm Leber

Wenn ich an unsere Zeit zurückdenke, dann freut mich heute ganz besonders
_____
_____
_____
_____
_____

Ich fühle mich heute nicht so gut/gut, weil _____
_____
_____
_____
_____

Heute lese ich Ps 69,1–5; Jes 60,1–62,12; Röm 14,1–15,13

Ich rufe an/Ich wurde angerufen von _____ und

das hat mich berührt _____
_____
_____
_____

Das Wetter heute   Mein Barometer der Gefühle

Trennung ist unser Los, Wiedersehen ist unsere Hoffnung.
Augustinus

Wenn ich an unsere Zeit zurückdenke, dann freut mich heute ganz besonders

_____
_____
_____
_____
_____

Ich fühle mich heute nicht so gut/gut, weil _____

_____
_____
_____
_____

Heute lese ich Ps 69,6–13; Jes 63,1–66,24; Röm 15,14–16,27

Ich rufe an/Ich wurde angerufen von _____ und

das hat mich berührt _____

_____
_____
_____

Das Wetter heute   Mein Barometer der Gefühle

Treffen wir uns bei der Quelle, bei dem Herrn im Vaterhaus?
Beim Betreten jener Schwelle blick' ich sehnend nach dir aus.

Ernst Heinrich Gebhardt

Wenn ich an unsere Zeit zurückdenke, dann freut mich heute ganz besonders

_____
_____
_____
_____

Ich fühle mich heute nicht so gut/gut, weil _____

_____
_____
_____

Heute lese ich Ps 69,14–16; Jer 1,1–3,5; 1Kor 1,1–31

Ich rufe an/Ich wurde angerufen von _____ und

das hat mich berührt _____
_____
_____
_____

Das Wetter heute   Mein Barometer der Gefühle

Herr, in deinem Arm bin ich sicher. Wenn du mich hältst, habe ich nichts zu fürchten. Ich weiß nichts von der Zukunft, aber ich vertraue auf dich.

Franz von Assisi

DATUM

Wenn ich an unsere Zeit zurückdenke, dann freut mich heute ganz besonders

_____
_____
_____
_____
_____

Ich fühle mich heute nicht so gut/gut, weil _____

_____
_____
_____
_____

Heute lese ich Ps 69,17–22; Jer 3,6–4,31; 1Kor 2,1–3,23

Ich rufe an/Ich wurde angerufen von _____ und

das hat mich berührt _____
_____
_____
_____

Das Wetter heute

Mein Barometer der Gefühle

Der hat noch immer Trost gefunden, der ihn zu suchen war bereit.
Friedrich Julius Hammer

Wenn ich an unsere Zeit zurückdenke, dann freut mich heute ganz besonders
_____
_____
_____
_____
_____

Ich fühle mich heute nicht so gut/gut, weil _____
_____
_____
_____

Heute lese ich Ps 69,23–30; Jer 5,1–6,30; 1Kor 4,1–21

Ich rufe an/Ich wurde angerufen von _____ und
das hat mich berührt _____
_____
_____

Das Wetter heute   Mein Barometer der Gefühle

Wie groß wird die Freude an jenem Tag sein, an dem wir uns im Himmel wiedersehen und keine Fotografien mehr brauchen, da wir uns alle zusammen im Lichte des Herrn ewig sehen!

Papst Johannes XXIII.

DATUM

Wenn ich an unsere Zeit zurückdenke, dann freut mich heute ganz besonders

_____
_____
_____
_____
_____

Ich fühle mich heute nicht so gut/gut, weil _____

_____
_____
_____
_____

Heute lese ich Ps 69,31–34; Jer 7,1–8,23; 1Kor 5,1–13

Ich rufe an/Ich wurde angerufen von _____ und

das hat mich berührt _____

_____
_____
_____

Das Wetter heute

Mein Barometer der Gefühle

Gott kennt dein Gestern. Gib ihm dein Heute. Er sorgt für dein Morgen.

Ernst Modersohn

Wenn ich an unsere Zeit zurückdenke, dann freut mich heute ganz besonders
_____
_____
_____
_____
_____

Ich fühle mich heute nicht so gut/gut, weil _____
_____
_____
_____
_____

Heute lese ich Ps 69,35–37; Jer 9,1–10,25; 1Kor 6,1–20

Ich rufe an/Ich wurde angerufen von _____ und
das hat mich berührt _____
_____
_____
_____

Das Wetter heute					Mein Barometer der Gefühle

Der Mensch hat nichts, was ihn Gott ähnlicher macht als die Güte.

Gregor von Nazianz

DATUM

Wenn ich an unsere Zeit zurückdenke, dann freut mich heute ganz besonders

_____
_____
_____
_____
_____

Ich fühle mich heute nicht so gut/gut, weil _____

_____
_____
_____
_____

Heute lese ich Ps 70,1–6; Jer 11,1–12,17; 1Kor 7,1–40

Ich rufe an/Ich wurde angerufen von _____ und

das hat mich berührt _____

_____
_____
_____

Das Wetter heute

Mein Barometer der Gefühle

Nicht das Zeitliche, das Ewige bestimmt die Würde des Menschen.

Jean Paul

Wenn ich an unsere Zeit zurückdenke, dann freut mich heute ganz besonders

_____
_____
_____
_____
_____

Ich fühle mich heute nicht so gut/gut, weil _____
_____
_____
_____
_____

Heute lese ich Ps 4,1–9; Jer 13,1–15,9; 1Kor 8,1–13

Ich rufe an/Ich wurde angerufen von _____ und

das hat mich berührt _____
_____
_____
_____

Das Wetter heute   Mein Barometer der Gefühle

Die Hoffnung ist der Regenbogen über dem herabstürzenden Bach des Lebens.

Friedrich Nietzsche

DATUM

Wenn ich an unsere Zeit zurückdenke, dann freut mich heute ganz besonders

_____

_____

_____

_____

_____

Ich fühle mich heute nicht so gut/gut, weil _____

_____

_____

_____

_____

Heute lese ich Ps 3,1–9; Jer 15,10–16,21; 1Kor 9,1–27

Ich rufe an/Ich wurde angerufen von _____ und

das hat mich berührt _____

_____

_____

_____

Das Wetter heute

Mein Barometer der Gefühle

Der Tod ist die Kreuzigung, der die Auferstehung folgt.

Hazrat Inayat Khan

Wenn ich an unsere Zeit zurückdenke, dann freut mich heute ganz besonders

_____
_____
_____
_____

Ich fühle mich heute nicht so gut/gut, weil _____

_____
_____
_____
_____

Heute lese ich Ps 5,1–8; Jer 17,1–18,23; 1Kor 10,1–11,1

Ich rufe an/Ich wurde angerufen von _____ und

das hat mich berührt _____

_____
_____
_____

Das Wetter heute

Mein Barometer der Gefühle

Wie kann man einen Menschen beklagen, der gestorben ist?
Diejenigen sind zu beklagen, die ihn geliebt und verloren haben.
            Helmut Karl Bernhard von Moltke

DATUM

Wenn ich an unsere Zeit zurückdenke, dann freut mich heute ganz besonders

_____
_____
_____
_____
_____

Ich fühle mich heute nicht so gut/gut, weil _____

_____
_____
_____
_____

Heute lese ich Ps 5,9–13; Jer 19,1–20,18; 1Kor 11,2–34

Ich rufe an/Ich wurde angerufen von _____ und

das hat mich berührt _____

_____
_____
_____

Das Wetter heute

Mein Barometer der Gefühle

Wo ich auch nach dir frage, find ich von dir Bericht, du lebst in meiner Klage, und stirbst im Herzen nicht.

Friedrich Rückert

Wenn ich an unsere Zeit zurückdenke, dann freut mich heute ganz besonders

_____
_____
_____
_____
_____

Ich fühle mich heute nicht so gut/gut, weil _____
_____
_____
_____

Heute lese ich Ps 7,1–8; Jer 21,1–22,30; 1Kor 12,1–31

Ich rufe an/Ich wurde angerufen von _____ und

das hat mich berührt _____
_____
_____
_____

Das Wetter heute   Mein Barometer der Gefühle

Meine Gedanken sind nicht eure Gedanken, und eure Wege sind nicht meine Wege, spricht der Herr.

Jesaja 55,8

Wenn ich an unsere Zeit zurückdenke, dann freut mich heute ganz besonders

_____
_____
_____
_____
_____

Ich fühle mich heute nicht so gut/gut, weil _____
_____
_____
_____
_____

Heute lese ich Ps 7,9–12; Jer 23,1–40; 1Kor 13,1–13

Ich rufe an/Ich wurde angerufen von _____ und

das hat mich berührt _____
_____
_____
_____

Das Wetter heute

Mein Barometer der Gefühle

Wer heimkehrt zum Herrn, bleibt in der Gemeinschaft der Gottesfamilie und ist nur vorausgegangen.

Hieronymus

Wenn ich an unsere Zeit zurückdenke, dann freut mich heute ganz besonders

_____
_____
_____
_____
_____

Ich fühle mich heute nicht so gut/gut, weil _____

_____
_____
_____
_____

Heute lese ich Ps 7,13–18; Jer 24,1–25,38; 1Kor 14,1–40

Ich rufe an/Ich wurde angerufen von _____ und

das hat mich berührt _____

_____
_____
_____

Das Wetter heute   Mein Barometer der Gefühle

Tröste dich, du liebes Herz! Groß ist Gottes Güte, groß und größer als dein Schmerz – dass dich Gott behüte!

Hoffmann von Fallersleben

DATUM

Wenn ich an unsere Zeit zurückdenke, dann freut mich heute ganz besonders

_____

_____

_____

_____

Ich fühle mich heute nicht so gut/gut, weil _____

_____

_____

_____

Heute lese ich Ps 6,1–6; Jer 26,1–27,22; 1Kor 15,1–34

Ich rufe an/Ich wurde angerufen von _____ und

das hat mich berührt _____

_____

_____

Das Wetter heute

Mein Barometer der Gefühle

DATUM

Und bis wir uns wiedersehen, halte Gott dich fest in seiner Hand.
Irischer Segensspruch

Wenn ich an unsere Zeit zurückdenke, dann freut mich heute ganz besonders
_____
_____
_____
_____
_____

Ich fühle mich heute nicht so gut/gut, weil _____
_____
_____
_____
_____

Heute lese ich Ps 6,7–11; Jer 28,1–29,23; 1Kor 15,35–58

Ich rufe an/Ich wurde angerufen von _____ und
das hat mich berührt _____
_____
_____
_____

Das Wetter heute

Mein Barometer der Gefühle

Trost gibt der Himmel. Von den Menschen erwartet man Beistand.

Ludwig Börne

....

Wenn ich an unsere Zeit zurückdenke, dann freut mich heute ganz besonders

_____
_____
_____
_____
_____

Ich fühle mich heute nicht so gut/gut, weil _____

_____
_____
_____
_____

Heute lese ich Ps 8,1–10; Jer 29,24–30,24; 1Kor 16,1–24

Ich rufe an/Ich wurde angerufen von _____ und

das hat mich berührt _____

_____
_____
_____

....

Das Wetter heute   Mein Barometer der Gefühle

Die größten Menschen sind jene, die anderen Hoffnung geben können.

Jean Jaurès

Wenn ich an unsere Zeit zurückdenke, dann freut mich heute ganz besonders
_____
_____
_____
_____

Ich fühle mich heute nicht so gut/gut, weil _____
_____
_____
_____

Heute lese ich Ps 9,1–7; Jer 31,1–40; 2Kor 1,1–24

Ich rufe an/Ich wurde angerufen von _____ und

das hat mich berührt _____
_____
_____
_____

Das Wetter heute   Mein Barometer der Gefühle

Der Herr hat's gegeben, der Herr hat's genommen; der Name des Herrn sei gelobt!

Hiob 1,21

DATUM

Wenn ich an unsere Zeit zurückdenke, dann freut mich heute ganz besonders

_____
_____
_____
_____
_____

Ich fühle mich heute nicht so gut/gut, weil _____

_____
_____
_____
_____

Heute lese ich Ps 9,8–13; Jer 32,1–44; 2Kor 2,1–17

Ich rufe an/Ich wurde angerufen von _____ und

das hat mich berührt _____

_____
_____
_____

Das Wetter heute

Mein Barometer der Gefühle

Wer aus allen Häusern in Frieden scheidet, darf hoffen, einst auch in Frieden zu scheiden aus dieser Welt und einzuziehen mit Freuden in Gottes himmlisches Haus.

Jeremias Gotthelf

Wenn ich an unsere Zeit zurückdenke, dann freut mich heute ganz besonders

_____
_____
_____
_____
_____

Ich fühle mich heute nicht so gut/gut, weil _____

_____
_____
_____
_____

Heute lese ich Ps 9,14–21; Jer 33,1–34,22; 2Kor 3,1–18

Ich rufe an/Ich wurde angerufen von _____ und

das hat mich berührt _____

_____
_____
_____

Das Wetter heute   Mein Barometer der Gefühle

Trost und Frieden sind eine Hilfe in dunklen Tagen! So kann der Schleier der Trauer allmählich weichen und einer stillen Freude Platz machen: Der Tag des Wiedersehens ist unserem Gott bekannt!

Richard Fehr

DATUM

Wenn ich an unsere Zeit zurückdenke, dann freut mich heute ganz besonders

_____
_____
_____
_____
_____

Ich fühle mich heute nicht so gut/gut, weil _____

_____
_____
_____

Heute lese ich Ps 10,1–11; Jer 35,1–36,32 ; 2Kor 4,1–18

Ich rufe an/Ich wurde angerufen von _____ und

das hat mich berührt _____

_____
_____
_____

Das Wetter heute

Mein Barometer der Gefühle

Ich habe dich je und je geliebt, darum habe ich dich zu mir gezogen aus lauter Güte.

Jeremia 31,3

Wenn ich an unsere Zeit zurückdenke, dann freut mich heute ganz besonders

_____
_____
_____
_____
_____

Ich fühle mich heute nicht so gut/gut, weil _____
_____
_____
_____

Heute lese ich Ps 10,12–15; Jer 37,1–38,28a; 2Kor 5,1–21

Ich rufe an/Ich wurde angerufen von _____ und

das hat mich berührt _____
_____
_____

Das Wetter heute

Mein Barometer der Gefühle

Der dich schuf, wird dich tragen, auch über den Abgrund weg.
Johanna von Bismarck

DATUM

Wenn ich an unsere Zeit zurückdenke, dann freut mich heute ganz besonders

_____
_____
_____
_____
_____

Ich fühle mich heute nicht so gut/gut, weil _____

_____
_____
_____
_____

Heute lese ich Ps 10,16–18; Jer 38,28b–41,18; 2Kor 6,1–7,4

Ich rufe an/Ich wurde angerufen von _____ und
das hat mich berührt _____

_____
_____
_____

Das Wetter heute   Mein Barometer der Gefühle

DATUM

Und auch ihr habt nun Traurigkeit; aber ich will euch wiedersehen, und euer Herz soll sich freuen, und eure Freude soll niemand von euch nehmen.

Johannes 16,22

Wenn ich an unsere Zeit zurückdenke, dann freut mich heute ganz besonders

_____
_____
_____
_____
_____

Ich fühle mich heute nicht so gut/gut, weil _____

_____
_____
_____
_____

Heute lese ich Ps 11,1–7; Jer 42,1–43,13; 2Kor 7,5–16

Ich rufe an/Ich wurde angerufen von _____ und

das hat mich berührt _____

_____
_____
_____

Das Wetter heute   Mein Barometer der Gefühle

*Hoffnung ist ein fester Stab und Geduld ein Reisekleid,
da man mit durch Welt und Grab wandert in die Ewigkeit.*

Friedrich von Logau

Wenn ich an unsere Zeit zurückdenke, dann freut mich heute ganz besonders

_____

_____

_____

_____

Ich fühle mich heute nicht so gut/gut, weil _____

_____

_____

_____

Heute lese ich Ps 12,1–9; Jer 44,1–45,5; 2Kor 8,1–24

Ich rufe an/Ich wurde angerufen von _____ und

das hat mich berührt _____

_____

_____

Das Wetter heute

Mein Barometer der Gefühle

Nichts tröstet mächtiger als die Gewissheit, mitten im Elend von der Liebe Gottes umfangen zu werden.

Johannes Calvin

Wenn ich an unsere Zeit zurückdenke, dann freut mich heute ganz besonders

_____
_____
_____
_____
_____

Ich fühle mich heute nicht so gut/gut, weil _____

_____
_____
_____
_____

Heute lese ich Ps 13,1–6; Jer 46,1–47,7; 2Kor 9,1–15

Ich rufe an/Ich wurde angerufen von _____ und

das hat mich berührt _____

_____
_____
_____

Das Wetter heute   Mein Barometer der Gefühle

Deine Träume und deine Sehnsüchte tragen Bilder der Hoffnung in sich.

Irischer Segensspruch

DATUM

Wenn ich an unsere Zeit zurückdenke, dann freut mich heute ganz besonders

_____
_____
_____
_____
_____

Ich fühle mich heute nicht so gut/gut, weil _____

_____
_____
_____
_____

Heute lese ich Ps 14,1–7; Jer 48,1–49,39; 2Kor 10,1–11

Ich rufe an/Ich wurde angerufen von _____ und

das hat mich berührt _____

_____
_____
_____

Das Wetter heute

Mein Barometer der Gefühle

Lass mich immer auf dich hoffen!

Thomas von Aquin

Wenn ich an unsere Zeit zurückdenke, dann freut mich heute ganz besonders

_____

_____

_____

_____

_____

Ich fühle mich heute nicht so gut/gut, weil _____

_____

_____

_____

_____

Heute lese ich Ps 15,1–5; Jer 50,1–46; 2Kor 10,12–11,15

Ich rufe an/Ich wurde angerufen von _____ und

das hat mich berührt _____

_____

_____

_____

Das Wetter heute   Mein Barometer der Gefühle

Tod ist nur ein kurzes Trennen auf ein baldiges Wiedersehen.
Joseph von Eichendorff

Wenn ich an unsere Zeit zurückdenke, dann freut mich heute ganz besonders
_____
_____
_____
_____
_____

Ich fühle mich heute nicht so gut/gut, weil _____
_____
_____
_____
_____

Heute lese ich Ps 16,1–4; Jer 51,1–64; 2Kor 11,16–12,13

Ich rufe an/Ich wurde angerufen von _____ und
das hat mich berührt _____
_____
_____
_____

Das Wetter heute

Mein Barometer der Gefühle

Wenn du traurig bist, dann schau in dein Herz, und du wirst erkennen, dass du weinst um das, was dir Freude bereitete.

Khalil Gibran

Wenn ich an unsere Zeit zurückdenke, dann freut mich heute ganz besonders

_____
_____
_____
_____
_____

Ich fühle mich heute nicht so gut/gut, weil _____

_____
_____
_____
_____

Heute lese ich Ps 16,5–11; Jer 52,1–34; 2Kor 12,14–13,13

Ich rufe an/Ich wurde angerufen von _____ und

das hat mich berührt _____

_____
_____
_____

Das Wetter heute   Mein Barometer der Gefühle

Fürchte dich nicht, denn ich habe dich erlöst; ich habe dich bei deinem Namen gerufen; du bist mein!

Jesaja 43,1

DATUM

Wenn ich an unsere Zeit zurückdenke, dann freut mich heute ganz besonders

_____
_____
_____
_____
_____

Ich fühle mich heute nicht so gut/gut, weil _____

_____
_____
_____
_____

Heute lese ich Ps 24,1–10; Hes 1,1–28; Joh 1,1–18

Ich rufe an/Ich wurde angerufen von _____ und das hat mich berührt _____

_____
_____
_____

Das Wetter heute

Mein Barometer der Gefühle

DATUM

Der Herr ist mein Teil, spricht meine Seele; darum will ich auf ihn hoffen.

Klagelieder 3,24

Wenn ich an unsere Zeit zurückdenke, dann freut mich heute ganz besonders

_____
_____
_____
_____

Ich fühle mich heute nicht so gut/gut, weil _____

_____
_____
_____
_____

Heute lese ich Ps 17,1–5; Hes 2,1–3,27; Joh 1,19–34

Ich rufe an/Ich wurde angerufen von _____ und

das hat mich berührt _____

_____
_____

Das Wetter heute   Mein Barometer der Gefühle

Er ist nun frei und unsere Tränen wünschen ihm Glück.
Johann Wolfgang von Goethe

Wenn ich an unsere Zeit zurückdenke, dann freut mich heute ganz besonders
_____
_____
_____
_____
_____
_____

Ich fühle mich heute nicht so gut/gut, weil _____
_____
_____
_____
_____

Heute lese ich Ps 17,6–15; Hes 4,1–5,17; Joh 1,35–51

Ich rufe an/Ich wurde angerufen von _____ und

das hat mich berührt _____
_____
_____
_____

Das Wetter heute   Mein Barometer der Gefühle

Wenn ihr dahin kommt, wohin ich gegangen bin, werdet ihr euch fragen, warum ihr geweint habt.

Laotse

Wenn ich an unsere Zeit zurückdenke, dann freut mich heute ganz besonders

___

___

___

___

Ich fühle mich heute nicht so gut/gut, weil ___

___

___

___

Heute lese ich Ps 18,1–7; Hes 6,1–7,27; Joh 2,1–25

Ich rufe an/Ich wurde angerufen von ___ und das hat mich berührt ___

___

___

Das Wetter heute

Mein Barometer der Gefühle

Stilles Vertrauen heilt das Herz.
                              Friedrich Wilhelm Gotter

Wenn ich an unsere Zeit zurückdenke, dann freut mich heute ganz besonders
_____
_____
_____
_____
_____

Ich fühle mich heute nicht so gut/gut, weil _____
_____
_____
_____
_____

Heute lese ich Ps 18,8–20; Hes 8,1–9,11; Joh 3,1–21

Ich rufe an/Ich wurde angerufen von _____ und

das hat mich berührt _____
_____
_____
_____

Das Wetter heute   Mein Barometer der Gefühle

DATUM *Du kamst, du gingst mit leiser Spur, ein flücht'ger Gast im Erdenland. Woher? Wohin? Wir wissen nur: Aus Gottes Hand in Gottes Hand.*

Ludwig Uhland

Wenn ich an unsere Zeit zurückdenke, dann freut mich heute ganz besonders
_____
_____
_____
_____
_____

Ich fühle mich heute nicht so gut/gut, weil _____
_____
_____
_____

Heute lese ich Ps 18,21–31; Hes 10,1–11,25; Joh 3,22–36

Ich rufe an/Ich wurde angerufen von _____ und

das hat mich berührt _____
_____
_____
_____

Das Wetter heute   Mein Barometer der Gefühle

Gib mir die Hoffnung, die mich befreit von Furcht und Verzagtheit.

Dietrich Bonhoeffer

DATUM

Wenn ich an unsere Zeit zurückdenke, dann freut mich heute ganz besonders

_____
_____
_____
_____
_____

Ich fühle mich heute nicht so gut/gut, weil _____

_____
_____
_____
_____

Heute lese ich Ps 18,32–37; Hes 12,1–13,23; Joh 4,1–42

Ich rufe an/Ich wurde angerufen von _____ und

das hat mich berührt _____

_____
_____
_____

Das Wetter heute

Mein Barometer der Gefühle

Von dir kommt alles, in dir lebt alles, in dich kehrt alles zurück.
Marc Aurel

Wenn ich an unsere Zeit zurückdenke, dann freut mich heute ganz besonders

_____
_____
_____
_____
_____

Ich fühle mich heute nicht so gut/gut, weil _____

_____
_____
_____
_____

Heute lese ich Ps 18,38–46; Hes 14,1–15,8; Joh 4,43–54

Ich rufe an/Ich wurde angerufen von _____ und

das hat mich berührt _____
_____
_____
_____

Das Wetter heute   Mein Barometer der Gefühle

Der Fluss des Lebens mündet ins Meer der Ewigkeit.
unbekannt

Wenn ich an unsere Zeit zurückdenke, dann freut mich heute ganz besonders

_____

_____

_____

_____

_____

Ich fühle mich heute nicht so gut/gut, weil _____

_____

_____

_____

_____

Heute lese ich Ps 18,47–51; Hes 16,1–63; Joh 5,1–18

Ich rufe an/Ich wurde angerufen von _____ und

das hat mich berührt _____

_____

_____

_____

Das Wetter heute   Mein Barometer der Gefühle

DATUM

Ich bin nicht tot, ich tauschte nur die Räume. Ich leb in euch. Und geh durch eure Träume.

Michelangelo

Wenn ich an unsere Zeit zurückdenke, dann freut mich heute ganz besonders

___
___
___
___
___

Ich fühle mich heute nicht so gut/gut, weil ___

___
___
___
___

Heute lese ich Ps 19,1–7; Hes 17,1–18,32; Joh 5,19–47

Ich rufe an/Ich wurde angerufen von ___ und

das hat mich berührt ___

___
___
___

Das Wetter heute

Mein Barometer der Gefühle

Wir leben Tag für Tag in den Händen des Herrn. Er lässt die Seinen nicht im Stich.

Papst Johannes XXIII.

DATUM

Wenn ich an unsere Zeit zurückdenke, dann freut mich heute ganz besonders

_____
_____
_____
_____
_____

Ich fühle mich heute nicht so gut/gut, weil _____

_____
_____
_____
_____

Heute lese ich Ps 19,8–15; Hes 19,1–20,44; Joh 6,1–21

Ich rufe an/Ich wurde angerufen von _____ und

das hat mich berührt _____

_____
_____
_____

Das Wetter heute

Mein Barometer der Gefühle

Ich hoffe auf das Licht, das nach der Dunkelheit kommen wird.
Miguel de Cervantes

Wenn ich an unsere Zeit zurückdenke, dann freut mich heute ganz besonders

_____
_____
_____
_____
_____

Ich fühle mich heute nicht so gut/gut, weil _____

_____
_____
_____
_____

Heute lese ich Ps 20,1–6; Hes 21,1–22,31; Joh 6,22–71

Ich rufe an/Ich wurde angerufen von _____ und

das hat mich berührt _____

_____
_____
_____

Das Wetter heute

Mein Barometer der Gefühle

Der Glaube tröstet, wo die Liebe weint.
Paul Verlaine

Wenn ich an unsere Zeit zurückdenke, dann freut mich heute ganz besonders
_____
_____
_____
_____
_____

Ich fühle mich heute nicht so gut/gut, weil _____
_____
_____
_____
_____

Heute lese ich Ps 20,7–10; Hes 23,1–24,27; Joh 7,1–39

Ich rufe an/Ich wurde angerufen von _____ und
das hat mich berührt _____
_____
_____
_____

Das Wetter heute

Mein Barometer der Gefühle

DATUM

Wer tröstet uns? Das Hoffen! Wie gut ist's Christi Jünger sein!
Man sieht den Himmel offen und nicht das Grab allein.

Philipp Friedrich Hiller

Wenn ich an unsere Zeit zurückdenke, dann freut mich heute ganz besonders

_____

_____

_____

_____

_____

Ich fühle mich heute nicht so gut/gut, weil _____

_____

_____

_____

_____

Heute lese ich Ps 60,1–7; Hes 25,1–26,21; Joh 7,40–8,11

Ich rufe an/Ich wurde angerufen von _____ und

das hat mich berührt _____

_____

_____

_____

Das Wetter heute   Mein Barometer der Gefühle

Deine Seele weiß, dass in der Tiefe Heilung schlummert und bald in dir ein neuer Tag erwacht.

Irischer Segensspruch

DATUM

Wenn ich an unsere Zeit zurückdenke, dann freut mich heute ganz besonders

_____
_____
_____
_____
_____

Ich fühle mich heute nicht so gut/gut, weil _____

_____
_____
_____
_____

Heute lese ich Ps 60,8–14; Hes 27,1–28,26; Joh 8,12–29

Ich rufe an/Ich wurde angerufen von _____ und

das hat mich berührt _____

_____
_____
_____

Das Wetter heute

Mein Barometer der Gefühle

Ich werde nicht sterben, sondern leben und des Herrn Werke verkündigen.

Psalm 118,17

Wenn ich an unsere Zeit zurückdenke, dann freut mich heute ganz besonders

_____
_____
_____
_____
_____

Ich fühle mich heute nicht so gut/gut, weil _____

_____
_____
_____
_____

Heute lese ich Ps 95,1–5; Hes 29,1–30,26; Joh 8,30–45

Ich rufe an/Ich wurde angerufen von _____ und

das hat mich berührt _____

_____
_____
_____

Das Wetter heute   Mein Barometer der Gefühle

Wenn du weinen kannst, so danke Gott.
　　　　　　　　　　　Johann Wolfgang von Goethe

Wenn ich an unsere Zeit zurückdenke, dann freut mich heute ganz besonders

_____
_____
_____
_____
_____

Ich fühle mich heute nicht so gut/gut, weil _____

_____
_____
_____
_____

Heute lese ich Ps 95,6–11; Hes 31,1–32,32; Joh 8,46–59

Ich rufe an/Ich wurde angerufen von _____ und

das hat mich berührt _____

_____
_____
_____

Das Wetter heute　　　　　　　　　Mein Barometer der Gefühle

Leite mich in deiner Wahrheit und lehre mich! Denn du bist der Gott, der mir hilft; täglich harre ich auf dich.

Psalm 25,5

Wenn ich an unsere Zeit zurückdenke, dann freut mich heute ganz besonders

_____

_____

_____

_____

_____

Ich fühle mich heute nicht so gut/gut, weil _____

_____

_____

_____

_____

Heute lese ich Ps 96,1–6; Hes 33,1–33; Joh 9,1–41

Ich rufe an/Ich wurde angerufen von _____ und

das hat mich berührt _____

_____

_____

Das Wetter heute

Mein Barometer der Gefühle

*Gegen den Schmerz der Seele gibt es nur zwei Arzneimittel:
Hoffnung und Geduld.*

Pythagoras

DATUM

Wenn ich an unsere Zeit zurückdenke, dann freut mich heute ganz besonders

_____
_____
_____
_____
_____

Ich fühle mich heute nicht so gut/gut, weil _____

_____
_____
_____
_____

Heute lese ich Ps 96,7–13; Hes 34,1–35,15; Joh 10,1–42

Ich rufe an/Ich wurde angerufen von _____ und
das hat mich berührt _____

_____
_____
_____

Das Wetter heute

Mein Barometer der Gefühle

Ein teilnehmend Herz findet mühelos die Worte und die Weise, die zu unserem Herzen stimmen, die zu unseren Schmerzen stimmen und tröstend durch all unsere Trauer klingen.

Edmund Hoefer

Wenn ich an unsere Zeit zurückdenke, dann freut mich heute ganz besonders

_____
_____
_____
_____
_____

Ich fühle mich heute nicht so gut/gut, weil _____

_____
_____
_____
_____

Heute lese ich Ps 23,1–6; Hes 36,1–37,28; Joh 11,1–57

Ich rufe an/Ich wurde angerufen von _____ und

das hat mich berührt _____

_____
_____
_____

Das Wetter heute   Mein Barometer der Gefühle

Der Herr vereint und trennt uns im Leben, um uns dann aufs Neue und für immer wieder zu vereinen.

Papst Johannes XXIII.

DATUM

Wenn ich an unsere Zeit zurückdenke, dann freut mich heute ganz besonders

_____
_____
_____
_____
_____

Ich fühle mich heute nicht so gut/gut, weil _____

_____
_____
_____
_____

Heute lese ich Ps 25,1–5; Hes 38,1–39,29; Joh 12,1–19

Ich rufe an/Ich wurde angerufen von _____ und

das hat mich berührt _____

_____
_____
_____

Das Wetter heute

Mein Barometer der Gefühle

DATUM

In deinen Händen sind meine Zeiten, mein ganzes Leben, alle Tage, Stunden und Augenblicke.

Martin Luther

Wenn ich an unsere Zeit zurückdenke, dann freut mich heute ganz besonders

_____
_____
_____
_____
_____

Ich fühle mich heute nicht so gut/gut, weil _____

_____
_____
_____
_____

Heute lese ich Ps 25,6–11; Hes 40,1–42,20; Joh 12,20–36

Ich rufe an/Ich wurde angerufen von _____ und

das hat mich berührt _____

_____
_____
_____

Das Wetter heute

Mein Barometer der Gefühle

Sterben ist das Auslöschen der Lampe im Morgenlicht, nicht das Auslöschen der Sonne.

Rabindranath Tagore

DATUM

Wenn ich an unsere Zeit zurückdenke, dann freut mich heute ganz besonders

_____
_____
_____
_____
_____

Ich fühle mich heute nicht so gut/gut, weil _____

_____
_____
_____
_____

Heute lese ich Ps 25,12–15; Hes 43,1–44,31; Joh 12,37–50

Ich rufe an/Ich wurde angerufen von _____ und

das hat mich berührt _____

_____
_____
_____

Das Wetter heute

Mein Barometer der Gefühle

DATUM

Er wird seine Herde weiden wie ein Hirte. Er wird die Lämmer in seinen Arm sammeln und im Bausch seines Gewandes tragen und die Mutterschafe führen.

Jesaja 40,11

Wenn ich an unsere Zeit zurückdenke, dann freut mich heute ganz besonders

_____
_____
_____
_____
_____

Ich fühle mich heute nicht so gut/gut, weil _____

_____
_____
_____
_____

Heute lese ich Ps 25,16–22; Hes 45,1–46,24; Joh 13,1–20

Ich rufe an/Ich wurde angerufen von _____ und

das hat mich berührt _____
_____
_____
_____

Das Wetter heute   Mein Barometer der Gefühle

Der Mensch, den wir liebten, ist nicht mehr da, wo er war. Wohl aber überall, wo wir sind und seiner gedenken.

Augustinus

DATUM

Wenn ich an unsere Zeit zurückdenke, dann freut mich heute ganz besonders

_____

_____

_____

_____

_____

Ich fühle mich heute nicht so gut/gut, weil _____

_____

_____

_____

_____

Heute lese ich Ps 26,1–8; Hes 47,1–48,35; Joh 13,21–38

Ich rufe an/Ich wurde angerufen von _____ und

das hat mich berührt _____

_____

_____

Das Wetter heute   Mein Barometer der Gefühle

Tröste dich in deinem Leid, das dir Gott beschieden! Ist doch nur Vergänglichkeit unser Los hienieden.

Hoffmann von Fallersleben

Wenn ich an unsere Zeit zurückdenke, dann freut mich heute ganz besonders

_____

_____

_____

_____

_____

Ich fühle mich heute nicht so gut/gut, weil _____

_____

_____

_____

_____

Heute lese ich Ps 26,9–12; 1Chr 1,1–2,55; Joh 14,1–14

Ich rufe an/Ich wurde angerufen von _____ und

das hat mich berührt _____

_____

_____

_____

Das Wetter heute   Mein Barometer der Gefühle

Uns tröstet der Glaube, dass alles seinen Ursprung in der Liebe und Fügung unseres himmlischen Vaters hat.

Richard Fehr

DATUM

Wenn ich an unsere Zeit zurückdenke, dann freut mich heute ganz besonders

___

Ich fühle mich heute nicht so gut/gut, weil ___

Heute lese ich Ps 27,1–6; 1Chr 3,1–4,43; Joh 14,15–31

Ich rufe an/Ich wurde angerufen von ___ und

das hat mich berührt ___

Das Wetter heute

Mein Barometer der Gefühle

DATUM

Hoffnung aber lässt nicht zuschanden werden; denn die Liebe Gottes ist ausgegossen in unsre Herzen durch den Heiligen Geist, der uns gegeben ist.

Römer 5,5

Wenn ich an unsere Zeit zurückdenke, dann freut mich heute ganz besonders

_____
_____
_____
_____
_____

Ich fühle mich heute nicht so gut/gut, weil _____

_____
_____
_____
_____

Heute lese ich Ps 27,7–10; 1Chr 5,1–6,66; Joh 15,1–17

Ich rufe an/Ich wurde angerufen von _____ und das hat mich berührt _____

_____
_____
_____

Das Wetter heute

Mein Barometer der Gefühle

Hoffen heißt: die Möglichkeit des Guten erwarten;
die Möglichkeit des Guten ist das Ewige.

Søren Kierkegaard

Wenn ich an unsere Zeit zurückdenke, dann freut mich heute ganz besonders

_____
_____
_____
_____
_____

Ich fühle mich heute nicht so gut/gut, weil _____

_____
_____
_____
_____

Heute lese ich Ps 27,11–14; 1Chr 7,1–9,1; Joh 15,18–16,4

Ich rufe an/Ich wurde angerufen von _____ und

das hat mich berührt _____

_____
_____

Das Wetter heute

Mein Barometer der Gefühle

Der Name des Herrn ist eine feste Burg; der Gerechte läuft dorthin und wird beschirmt.

Sprüche 18,10

Wenn ich an unsere Zeit zurückdenke, dann freut mich heute ganz besonders

_____
_____
_____
_____
_____

Ich fühle mich heute nicht so gut/gut, weil _____

_____
_____
_____
_____

Heute lese ich Ps 28,1–5; 1Chr 9,2–10,14; Joh 16,5–15

Ich rufe an/Ich wurde angerufen von _____ und

das hat mich berührt _____

_____
_____
_____

Das Wetter heute   Mein Barometer der Gefühle

Gottes Macht halte dich aufrecht, Gottes Auge schaue auf dich, Gottes Wort spreche für dich, Gottes Hand schütze dich.

Irischer Segenswunsch

DATUM

Wenn ich an unsere Zeit zurückdenke, dann freut mich heute ganz besonders

_____
_____
_____
_____
_____

Ich fühle mich heute nicht so gut/gut, weil _____

_____
_____
_____
_____

Heute lese ich Ps 28,6–9; 1Chr 11,1–12,41; Joh 16,16–33

Ich rufe an/Ich wurde angerufen von _____ und

das hat mich berührt _____

_____
_____
_____

Das Wetter heute   Mein Barometer der Gefühle

Wenngleich die geschaffenen Wesen vergänglich sind: Niemals werden sie in das Nichts zurücksinken.

Thomas von Aquin

Wenn ich an unsere Zeit zurückdenke, dann freut mich heute ganz besonders
_____
_____
_____
_____
_____

Ich fühle mich heute nicht so gut/gut, weil _____
_____
_____
_____

Heute lese ich Ps 29,1–11; 1Chr 13,1–14,17; Joh 17,1–26

Ich rufe an/Ich wurde angerufen von _____ und
das hat mich berührt _____
_____
_____

Das Wetter heute   Mein Barometer der Gefühle

Wer aber beharrt bis ans Ende, der wird selig werden.

Matthäus 24,13

Wenn ich an unsere Zeit zurückdenke, dann freut mich heute ganz besonders

_____
_____
_____
_____
_____

Ich fühle mich heute nicht so gut/gut, weil _____

_____
_____
_____
_____

Heute lese ich Ps 30,1–6; 1Chr 15,1–16,43; Joh 18,1–27

Ich rufe an/Ich wurde angerufen von _____ und

das hat mich berührt _____

_____
_____
_____

Das Wetter heute

Mein Barometer der Gefühle

Du hast den Frieden, den wir auf Erden nicht erreichen können.
unbekannt

Wenn ich an unsere Zeit zurückdenke, dann freut mich heute ganz besonders
_____
_____
_____
_____

Ich fühle mich heute nicht so gut/gut, weil _____
_____
_____
_____
_____

Heute lese ich Ps 30,7–13; 1Chr 17,1–18,17; Joh 18,28–40

Ich rufe an/Ich wurde angerufen von _____ und
das hat mich berührt _____
_____
_____

Das Wetter heute   Mein Barometer der Gefühle

Ich fasse dich mit meinem Herzen wie mit einer Hand.
Rainer Maria Rilke

Wenn ich an unsere Zeit zurückdenke, dann freut mich heute ganz besonders

_____
_____
_____
_____
_____
_____

Ich fühle mich heute nicht so gut/gut, weil _____

_____
_____
_____
_____
_____

Heute lese ich Ps 63,1–5; 1Chr 19,1–22,1; Joh 19,1–16a

Ich rufe an/Ich wurde angerufen von _____ und

das hat mich berührt _____

_____
_____
_____

Das Wetter heute   Mein Barometer der Gefühle

Durch das Leid hindurch, nicht am Leid vorbei, geht der Weg zur Freude, zur Herrlichkeit.

Karl Barth

Wenn ich an unsere Zeit zurückdenke, dann freut mich heute ganz besonders

_____
_____
_____
_____

Ich fühle mich heute nicht so gut/gut, weil _____

_____
_____
_____

Heute lese ich Ps 63,6–12; 1Chr 22,2–23,32; Joh 19,16b–42

Ich rufe an/Ich wurde angerufen von _____ und
das hat mich berührt _____

_____
_____

Das Wetter heute

Mein Barometer der Gefühle

Aber sei nur stille zu Gott, meine Seele; denn er ist meine Hoffnung. Er ist mein Fels, meine Hilfe und mein Schutz, dass ich nicht fallen werde.

Psalm 62,6.7

DATUM

Wenn ich an unsere Zeit zurückdenke, dann freut mich heute ganz besonders

_____
_____
_____
_____
_____

Ich fühle mich heute nicht so gut/gut, weil _____

_____
_____
_____

Heute lese ich Ps 118,1–9; 1Chr 24,1–25,31; Joh 20,1–18

Ich rufe an/Ich wurde angerufen von _____ und

das hat mich berührt _____

_____
_____

Das Wetter heute

Mein Barometer der Gefühle

Im Elend bleibt kein anderes Heilungsmittel als Hoffnung nur.
William Shakespeare

Wenn ich an unsere Zeit zurückdenke, dann freut mich heute ganz besonders
_____
_____
_____
_____
_____

Ich fühle mich heute nicht so gut/gut, weil _____
_____
_____
_____
_____

Heute lese ich Ps 118,10–14; 1Chr 26,1–27,34; Joh 20,19–31

Ich rufe an/Ich wurde angerufen von _____ und
das hat mich berührt _____
_____
_____
_____

Das Wetter heute   Mein Barometer der Gefühle

Aber ich weiß, dass mein Erlöser lebt, und als der Letzte wird er über dem Staub sich erheben.

Hiob 19,25

 DATUM

Wenn ich an unsere Zeit zurückdenke, dann freut mich heute ganz besonders

_____
_____
_____
_____
_____

Ich fühle mich heute nicht so gut/gut, weil _____

_____
_____
_____
_____

Heute lese ich Ps 118,15–21; 1Chr 28,1–29,30; Joh 21,1–14

Ich rufe an/Ich wurde angerufen von _____ und das hat mich berührt _____

_____
_____
_____

Das Wetter heute

Mein Barometer der Gefühle

DATUM	*Gott kann das dunkle Gestern in ein helles Morgen verwandeln.*
	Martin Luther King

Wenn ich an unsere Zeit zurückdenke, dann freut mich heute ganz besonders
___
___
___
___
___

Ich fühle mich heute nicht so gut/gut, weil ___
___
___
___
___

Heute lese ich Ps 118,22–29; Spr 25,1–26,28; Joh 21,15–25

Ich rufe an/Ich wurde angerufen von ___ und

das hat mich berührt ___
___
___
___

Das Wetter heute   Mein Barometer der Gefühle

Man kann den Tod eines geliebten Menschen tief und innig beklagen und doch in Hoffnung weiterleben.

Theodor Fontane

DATUM

Wenn ich an unsere Zeit zurückdenke, dann freut mich heute ganz besonders

_____

_____

_____

_____

_____

Ich fühle mich heute nicht so gut/gut, weil _____

_____

_____

_____

_____

Heute lese ich Ps 2,1–9; Spr 27,1–29,27; Hebr 1,1–2,4

Ich rufe an/Ich wurde angerufen von _____ und

das hat mich berührt _____

_____

_____

_____

Das Wetter heute

Mein Barometer der Gefühle

Es dauert eine Weile, bis dein Leben von neuer Kraft und Hoffnung bestimmt wird.

unbekannt

Wenn ich an unsere Zeit zurückdenke, dann freut mich heute ganz besonders

_____
_____
_____
_____
_____

Ich fühle mich heute nicht so gut/gut, weil _____

_____
_____
_____
_____

Heute lese ich Ps 2,10–12; 2Chr 1,1–2,17; Hebr 2,5–18

Ich rufe an/Ich wurde angerufen von _____ und

das hat mich berührt _____

_____
_____
_____

Das Wetter heute   Mein Barometer der Gefühle

Die Hoffnung hilft uns leben.
　　　　　　　Johann Wolfgang von Goethe

Wenn ich an unsere Zeit zurückdenke, dann freut mich heute ganz besonders

_____

_____

_____

_____

_____

Ich fühle mich heute nicht so gut/gut, weil _____

_____

_____

_____

_____

Heute lese ich Ps 61,1–9; 2Chr 3,1–5,1; Hebr 3,1–19

Ich rufe an/Ich wurde angerufen von _____ und

das hat mich berührt _____

_____

_____

_____

Das Wetter heute

Mein Barometer der Gefühle

Wir haben einen Gott, der da hilft, und den Herrn, der vom Tode errettet.

Psalm 68,21

Wenn ich an unsere Zeit zurückdenke, dann freut mich heute ganz besonders

_____
_____
_____
_____
_____

Ich fühle mich heute nicht so gut/gut, weil _____

_____
_____
_____
_____

Heute lese ich Ps 112,1–4; 2Chr 5,2–6,42; Hebr 4,1–13

Ich rufe an/Ich wurde angerufen von _____ und

das hat mich berührt _____

_____
_____
_____

Das Wetter heute   Mein Barometer der Gefühle

Die Liebe ist unsterblich und der Tod nur ein Horizont und der Horizont ist nur die Grenze unseres Blickes.

unbekannt

DATUM

Wenn ich an unsere Zeit zurückdenke, dann freut mich heute ganz besonders

_____
_____
_____
_____
_____

Ich fühle mich heute nicht so gut/gut, weil _____
_____
_____
_____
_____

Heute lese ich Ps 112,5–10; 2Chr 7,1–8,18; Hebr 4,14–5,10

Ich rufe an/Ich wurde angerufen von _____ und das hat mich berührt _____
_____
_____
_____

Das Wetter heute

Mein Barometer der Gefühle

Wie wir mitten im Leben vom Tode umfangen sind, so müsst ihr jetzt auch ganz fest überzeugt sein, dass wir mitten im Tode vom Leben umfangen sind.

Johannes Calvin

Wenn ich an unsere Zeit zurückdenke, dann freut mich heute ganz besonders

_____
_____
_____
_____
_____

Ich fühle mich heute nicht so gut/gut, weil _____

_____
_____
_____
_____

Heute lese ich Ps 113,1–3; 2Chr 9,1–11,4; Hebr 5,11–6,20

Ich rufe an/Ich wurde angerufen von _____ und

das hat mich berührt _____

_____
_____
_____

Das Wetter heute   Mein Barometer der Gefühle

Dass die Vögel der Sorge und des Kummers über deinem Haupt fliegen, kannst du nicht ändern. Aber dass sie Nester in deinem Haar bauen, das kannst du verhindern.

Martin Luther

DATUM

Wenn ich an unsere Zeit zurückdenke, dann freut mich heute ganz besonders

Ich fühle mich heute nicht so gut/gut, weil

Heute lese ich Ps 113,4–9; 2Chr 11,5–13,23; Hebr 7,1–28

Ich rufe an/Ich wurde angerufen von _____ und das hat mich berührt

Das Wetter heute

Mein Barometer der Gefühle

DATUM

Das ist aber der Wille dessen, der mich gesandt hat, dass ich nichts verliere von allem, was er mir gegeben hat, sondern dass ich's auferwecke am Jüngsten Tage.

Johannes 6,39

Wenn ich an unsere Zeit zurückdenke, dann freut mich heute ganz besonders
___
___
___
___
___

Ich fühle mich heute nicht so gut/gut, weil ___
___
___
___
___

Heute lese ich Ps 114,1–8; 2Chr 14,1–16,14; Hebr 8,1–13

Ich rufe an/Ich wurde angerufen von ___ und

das hat mich berührt ___
___
___
___

Das Wetter heute

Mein Barometer der Gefühle

Wenn man bei Gott bleibt, kommt auch die Stunde, wo man Gott versteht.

Wilhelm Leber

Wenn ich an unsere Zeit zurückdenke, dann freut mich heute ganz besonders

___

___

___

___

___

Ich fühle mich heute nicht so gut/gut, weil ___

___

___

___

___

Heute lese ich Ps 115,1–7; 2Chr 17,1–19,3; Hebr 9,1–28

Ich rufe an/Ich wurde angerufen von ___ und

das hat mich berührt ___

___

___

___

Das Wetter heute

Mein Barometer der Gefühle

Herr, dir in die Hände sei Anfang und Ende, sei alles gelegt.
Eduard Mörike

Wenn ich an unsere Zeit zurückdenke, dann freut mich heute ganz besonders
_____
_____
_____
_____
_____

Ich fühle mich heute nicht so gut/gut, weil _____
_____
_____
_____
_____

Heute lese ich Ps 115,8–15; 2Chr 19,4–20,37; Hebr 10,1–18

Ich rufe an/Ich wurde angerufen von _____ und
das hat mich berührt _____
_____
_____
_____

Das Wetter heute   Mein Barometer der Gefühle

*Ich aber, Herr, hoffe auf dich und spreche: Du bist mein Gott!
Meine Zeit steht in deinen Händen.*

Psalm 31,15.16

Wenn ich an unsere Zeit zurückdenke, dann freut mich heute ganz besonders

_____
_____
_____
_____
_____

Ich fühle mich heute nicht so gut/gut, weil _____

_____
_____
_____
_____

Heute lese ich Ps 115,16–18; 2Chr 21,1–23,21; Hebr 10,19–39

Ich rufe an/Ich wurde angerufen von _____ und

das hat mich berührt _____

_____
_____
_____

Das Wetter heute

Mein Barometer der Gefühle

DATUM

Je schöner und voller die Erinnerung, desto schwerer die Trennung.

Dietrich Bonhoeffer

Wenn ich an unsere Zeit zurückdenke, dann freut mich heute ganz besonders
___
___
___
___
___

Ich fühle mich heute nicht so gut/gut, weil ___
___
___
___
___

Heute lese ich Ps 116,1–6; 2Chr 24,1–25,28; Hebr 11,1–22

Ich rufe an/Ich wurde angerufen von ___ und

das hat mich berührt ___
___
___
___

Das Wetter heute

Mein Barometer der Gefühle

*Leg alles still in Gottes Hände, das Glück, den Schmerz,
den Anfang und das Ende.*

Eduard Mörike

Wenn ich an unsere Zeit zurückdenke, dann freut mich heute ganz besonders

_____

_____

_____

_____

_____

Ich fühle mich heute nicht so gut/gut, weil _____

_____

_____

_____

Heute lese ich Ps 116,7–14; 2Chr 26,1–28,27; Hebr 11,23–40

Ich rufe an/Ich wurde angerufen von _____ und

das hat mich berührt _____

_____

_____

Das Wetter heute

Mein Barometer der Gefühle

Ewig bleibt es unverloren, was das Herz dem Herzen gab.
Adalbert Stifter

Wenn ich an unsere Zeit zurückdenke, dann freut mich heute ganz besonders

_____
_____
_____
_____

Ich fühle mich heute nicht so gut/gut, weil _____

_____
_____
_____

Heute lese ich Ps 116,15–19; 2Chr 29,1–31,21; Hebr 12,1–29

Ich rufe an/Ich wurde angerufen von _____ und

das hat mich berührt _____

_____
_____

Das Wetter heute   Mein Barometer der Gefühle

Von allen Seiten umgibst du mich und hältst deine Hand über mir.

Psalm 139,5

Wenn ich an unsere Zeit zurückdenke, dann freut mich heute ganz besonders

_____
_____
_____
_____
_____

Ich fühle mich heute nicht so gut/gut, weil _____

_____
_____
_____
_____

Heute lese ich Ps 117,1–2; 2Chr 32,1–33,25; Hebr 13,1–25

Ich rufe an/Ich wurde angerufen von _____ und

das hat mich berührt _____

_____
_____
_____

Das Wetter heute

Mein Barometer der Gefühle

Der Himmel ist die Quelle der Tränen.
Teresa von Avila

Wenn ich an unsere Zeit zurückdenke, dann freut mich heute ganz besonders
_____
_____
_____
_____
_____

Ich fühle mich heute nicht so gut/gut, weil _____
_____
_____
_____

Heute lese ich Ps 137,1–9; 2Chr 34,1–36,23; 1Joh 1,1–10

Ich rufe an/Ich wurde angerufen von _____ und

das hat mich berührt _____
_____
_____

Das Wetter heute

Mein Barometer der Gefühle

Möge mit der Trauer auch der Trost zu den Trauernden kommen.
Irischer Segenswunsch

Wenn ich an unsere Zeit zurückdenke, dann freut mich heute ganz besonders

_____
_____
_____
_____
_____

Ich fühle mich heute nicht so gut/gut, weil _____

_____
_____
_____
_____

Heute lese ich Ps 138,1–8; Esra 1,1–3,13; 1Joh 2,1–29

Ich rufe an/Ich wurde angerufen von _____ und

das hat mich berührt _____

_____
_____
_____

Das Wetter heute   Mein Barometer der Gefühle

Gib uns deinen Frieden, Herr, an dem Tag, der keinen Abend kennt.

Augustinus

Wenn ich an unsere Zeit zurückdenke, dann freut mich heute ganz besonders

_____
_____
_____
_____
_____

Ich fühle mich heute nicht so gut/gut, weil _____
_____
_____
_____
_____

Heute lese ich Ps 139,1–6; Esra 4,1–6,22; 1Joh 3,1–24

Ich rufe an/Ich wurde angerufen von _____ und

das hat mich berührt _____
_____
_____
_____

Das Wetter heute

Mein Barometer der Gefühle

Menschen zu finden, die mit uns fühlen und empfinden, ist wohl das schönste Glück auf Erden.

Carl Spitteler

DATUM

Wenn ich an unsere Zeit zurückdenke, dann freut mich heute ganz besonders

_____

_____

_____

_____

_____

Ich fühle mich heute nicht so gut/gut, weil _____

_____

_____

_____

_____

Heute lese ich Ps 139,7–12; Esra 7,1–8,36; 1Joh 4,1–21

Ich rufe an/Ich wurde angerufen von _____ und

das hat mich berührt _____

_____

_____

_____

Das Wetter heute

Mein Barometer der Gefühle

Gegen die Nacht können wir nicht ankämpfen, aber wir können ein Licht anzünden.

Franz von Assisi

Wenn ich an unsere Zeit zurückdenke, dann freut mich heute ganz besonders

_____
_____
_____
_____

Ich fühle mich heute nicht so gut/gut, weil _____

_____
_____
_____
_____

Heute lese ich Ps 139,13–18; Esra 9,1–10,44; 1Joh 5,1–21

Ich rufe an/Ich wurde angerufen von _____ und

das hat mich berührt _____

_____
_____
_____

Das Wetter heute   Mein Barometer der Gefühle

Es kann nicht immer sein, dass Gott alle Angst von uns nimmt, aber das kann immer möglich werden, dass wir in Angst getröstet werden.

Christoph Blumhardt

Wenn ich an unsere Zeit zurückdenke, dann freut mich heute ganz besonders

Ich fühle mich heute nicht so gut/gut, weil

Heute lese ich Ps 139,19–24; Neh 1,1–2,20; 2Joh 1,1–13

Ich rufe an/Ich wurde angerufen von _____ und das hat mich berührt

Das Wetter heute

Mein Barometer der Gefühle

Gott lässt es zu, dass denen, die sich anschicken, ihm zu dienen, allerlei Schwierigkeiten erwachsen; aber niemals lässt er sie der Last unterliegen, solange sie sich ihm anvertrauen.

Franz von Sales

Wenn ich an unsere Zeit zurückdenke, dann freut mich heute ganz besonders

_____
_____
_____
_____
_____

Ich fühle mich heute nicht so gut/gut, weil _____

_____
_____
_____
_____

Heute lese ich Ps 140,1–6; Neh 3,1–4,17; 3Joh 1,1–15

Ich rufe an/Ich wurde angerufen von _____ und

das hat mich berührt _____

_____
_____
_____

Das Wetter heute   Mein Barometer der Gefühle

Meines Herrn, des Königs, Wort soll mir ein Trost sein.

2.Samuel 14,17

Wenn ich an unsere Zeit zurückdenke, dann freut mich heute ganz besonders
_____
_____
_____
_____
_____

Ich fühle mich heute nicht so gut/gut, weil _____
_____
_____
_____
_____

Heute lese ich Ps 140,7–14; Neh 5,1–6,19; Jud 1,1–25

Ich rufe an/Ich wurde angerufen von _____ und

das hat mich berührt _____
_____
_____
_____

Das Wetter heute

Mein Barometer der Gefühle

Wir alle fallen. Diese Hand da fällt. Und sieh dir andre an: es ist in allen. Und doch ist Einer, welcher dieses Fallen unendlich sanft in seinen Händen hält.

Rainer Maria Rilke

Wenn ich an unsere Zeit zurückdenke, dann freut mich heute ganz besonders

_____
_____
_____
_____
_____

Ich fühle mich heute nicht so gut/gut, weil _____

_____
_____
_____
_____

Heute lese ich Ps 141,1–4; Neh 7,1–8,18; Phil 1,1–30

Ich rufe an/Ich wurde angerufen von _____ und

das hat mich berührt _____
_____
_____
_____

Das Wetter heute   Mein Barometer der Gefühle

Tragen wir die Trauer um unsere Freunde nicht, indem wir klagen, sondern indem wir die Erinnerung an sie in unserem Herzen bewahren.

Epikur

Wenn ich an unsere Zeit zurückdenke, dann freut mich heute ganz besonders

_____
_____
_____
_____
_____

Ich fühle mich heute nicht so gut/gut, weil _____

_____
_____
_____

Heute lese ich Ps 141,5–10; Neh 9,1–37; Phil 2,1–30

Ich rufe an/Ich wurde angerufen von _____ und

das hat mich berührt _____

_____
_____
_____

Das Wetter heute   Mein Barometer der Gefühle

Viel Geliebte sind dort in der Höh, wo ich sie einst verklärt wiederseh, und dann bleiben wir immer vereint dort, wo ewig die Sonne uns scheint.

Ernst Heinrich Gebhardt

Wenn ich an unsere Zeit zurückdenke, dann freut mich heute ganz besonders

_____
_____
_____
_____
_____

Ich fühle mich heute nicht so gut/gut, weil _____

_____
_____
_____
_____

Heute lese ich Ps 142,1–8; Neh 10,1–11,36; Phil 3,1–4,1

Ich rufe an/Ich wurde angerufen von _____ und

das hat mich berührt _____

_____
_____
_____

Das Wetter heute   Mein Barometer der Gefühle

Den Garten des Paradieses betritt man nicht mit den Füßen, sondern mit dem Herzen.

Bernhard von Clairvaux

DATUM

Wenn ich an unsere Zeit zurückdenke, dann freut mich heute ganz besonders
___
___
___
___
___

Ich fühle mich heute nicht so gut/gut, weil ___
___
___
___

Heute lese ich Ps 143,1–6; Neh 12,1–13,31; Phil 4,2–23

Ich rufe an/Ich wurde angerufen von ___ und das hat mich berührt ___
___
___
___

Das Wetter heute

Mein Barometer der Gefühle

Der Herr ist mein Licht und mein Heil; vor wem sollte ich mich fürchten? Der Herr ist meines Lebens Kraft; vor wem sollte mir grauen?

Psalm 27,1

Wenn ich an unsere Zeit zurückdenke, dann freut mich heute ganz besonders

_____
_____
_____
_____
_____

Ich fühle mich heute nicht so gut/gut, weil _____

_____
_____
_____
_____

Heute lese ich Ps 143,7–12; Rut 1,1–2,23; Mt 1,1–25

Ich rufe an/Ich wurde angerufen von _____ und

das hat mich berührt _____

_____
_____
_____

Das Wetter heute　　　　　　　Mein Barometer der Gefühle

Gott lässt zwar sinken, aber nicht ertrinken.
Deutsches Sprichwort

Wenn ich an unsere Zeit zurückdenke, dann freut mich heute ganz besonders

_____
_____
_____
_____
_____

Ich fühle mich heute nicht so gut/gut, weil _____

_____
_____
_____
_____

Heute lese ich Ps 144,1–4; Rut 3,1–4,22; Mt 2,1–23

Ich rufe an/Ich wurde angerufen von _____ und

das hat mich berührt _____
_____
_____

Das Wetter heute

Mein Barometer der Gefühle

DATUM

Lerne zu vergessen, was nutzlos ist, und erinnere dich mit Liebe an alles Schöne.

Francesco Petrarca

Wenn ich an unsere Zeit zurückdenke, dann freut mich heute ganz besonders

_____
_____
_____
_____
_____

Ich fühle mich heute nicht so gut/gut, weil _____

_____
_____
_____
_____

Heute lese ich Ps 144,5–11; Hld 1,1–2,17; Mt 3,1–17

Ich rufe an/Ich wurde angerufen von _____ und

das hat mich berührt _____

_____
_____
_____

Das Wetter heute   Mein Barometer der Gefühle

Der ist erst ganz unglücklich, der die kahlen Wände seines Herzens nicht einmal mit Bildern der Erinnerung schmücken kann.

Johann Nepomuk Nestroy

Wenn ich an unsere Zeit zurückdenke, dann freut mich heute ganz besonders

_____
_____
_____
_____
_____

Ich fühle mich heute nicht so gut/gut, weil _____
_____
_____
_____

Heute lese ich Ps 144,12–15; Hld 3,1–4,16; Mt 4,1–25

Ich rufe an/Ich wurde angerufen von _____ und

das hat mich berührt _____
_____
_____
_____

Das Wetter heute   Mein Barometer der Gefühle

Das sind die Starken, die unter Tränen lachen, eigene Sorgen verbergen und andere glücklich machen.

Franz Grillparzer

Wenn ich an unsere Zeit zurückdenke, dann freut mich heute ganz besonders
___
___
___
___
___

Ich fühle mich heute nicht so gut/gut, weil ___
___
___
___
___

Heute lese ich Ps 145,1–7; Hld 5,1–6,12; Mt 5,1–16

Ich rufe an/Ich wurde angerufen von ___ und

das hat mich berührt ___
___
___
___

Das Wetter heute   Mein Barometer der Gefühle

Mit jedem Menschen verschwindet ein Geheimnis aus der Welt.
Friedrich Hebbel

DATUM

Wenn ich an unsere Zeit zurückdenke, dann freut mich heute ganz besonders

_____
_____
_____
_____
_____

Ich fühle mich heute nicht so gut/gut, weil _____

_____
_____
_____
_____

Heute lese ich Ps 145,8–14; Hld 7,1–8,14; Mt 5,17–48

Ich rufe an/Ich wurde angerufen von _____ und

das hat mich berührt _____

_____
_____
_____

Das Wetter heute   Mein Barometer der Gefühle

Eines bestehet, nimmer vergeht, was du liebend getan.
Horatius Bonar

Wenn ich an unsere Zeit zurückdenke, dann freut mich heute ganz besonders
_____
_____
_____
_____
_____

Ich fühle mich heute nicht so gut/gut, weil _____
_____
_____
_____
_____

Heute lese ich Ps 145,15–21; Pred 1,1–2,26; Mt 6,1–18

Ich rufe an/Ich wurde angerufen von _____ und

das hat mich berührt _____
_____
_____
_____

Das Wetter heute   Mein Barometer der Gefühle

Was ein Mensch an Gütigkeit in die Welt hinausgibt, arbeitet an den Herzen und dem Denken der Menschen.

Albert Schweitzer

DATUM

Wenn ich an unsere Zeit zurückdenke, dann freut mich heute ganz besonders

_____
_____
_____
_____
_____
_____

Ich fühle mich heute nicht so gut/gut, weil _____

_____
_____
_____
_____

Heute lese ich Ps 90,1–10; Pred 3,1–4,16; Mt 6,19–34

Ich rufe an/Ich wurde angerufen von _____ und das hat mich berührt _____

_____
_____
_____

Das Wetter heute   Mein Barometer der Gefühle

Gelobt sei der Herr täglich. Gott legt uns eine Last auf, aber er hilft uns auch.

Psalm 68,20

Wenn ich an unsere Zeit zurückdenke, dann freut mich heute ganz besonders

_____

_____

_____

_____

Ich fühle mich heute nicht so gut/gut, weil _____

_____

_____

_____

_____

Heute lese ich Ps 90,11–17; Pred 4,17–8,1; Mt 7,1–11

Ich rufe an/Ich wurde angerufen von _____ und

das hat mich berührt _____

_____

_____

_____

Das Wetter heute

Mein Barometer der Gefühle

Was immer wir füreinander gewesen sind, das gilt auch weiter.
Henry Scott Holland

Wenn ich an unsere Zeit zurückdenke, dann freut mich heute ganz besonders

_____
_____
_____
_____
_____

Ich fühle mich heute nicht so gut/gut, weil _____

_____
_____
_____
_____

Heute lese ich Ps 91,1–8; Pred 8,2–9,18; Mt 7,12–29

Ich rufe an/Ich wurde angerufen von _____ und

das hat mich berührt _____

_____
_____
_____

Das Wetter heute   Mein Barometer der Gefühle

Ein andrer meinte, es sei schön, Gutes zu tun an seinen Freunden, und Böses an seinen Feinden. Aber noch ein anderer erwiderte, das sei schön, an den Freunden Gutes zu tun und die Feinde zu Freunden zu machen.

Johann Peter Hebel

Wenn ich an unsere Zeit zurückdenke, dann freut mich heute ganz besonders

_____
_____
_____
_____
_____

Ich fühle mich heute nicht so gut/gut, weil _____
_____
_____
_____
_____

Heute lese ich Ps 91,9–16; Pred 10,1–12,14; Mt 8,1–22

Ich rufe an/Ich wurde angerufen von _____ und

das hat mich berührt _____
_____
_____
_____

Das Wetter heute   Mein Barometer der Gefühle

Ein verwundetes Herz hat keinen besseren Trost als eine mitfühlende Seele.

Gottfried Keller

DATUM

Wenn ich an unsere Zeit zurückdenke, dann freut mich heute ganz besonders
_____
_____
_____
_____
_____
_____

Ich fühle mich heute nicht so gut/gut, weil _____
_____
_____
_____
_____

Heute lese ich Ps 73,1–12; Klgl 1,1–2,22; Mt 8,23–34

Ich rufe an/Ich wurde angerufen von _____ und

das hat mich berührt _____
_____
_____
_____

Das Wetter heute

Mein Barometer der Gefühle

Was einer ist, was einer war, beim Scheiden wird es offenbar.

Hans Carossa

Wenn ich an unsere Zeit zurückdenke, dann freut mich heute ganz besonders

_____
_____
_____
_____
_____

Ich fühle mich heute nicht so gut/gut, weil _____

_____
_____
_____
_____

Heute lese ich Ps 73,13–17; Klgl 3,1–66; Mt 9,1–26

Ich rufe an/Ich wurde angerufen von _____ und

das hat mich berührt _____

_____
_____
_____

Das Wetter heute **Mein Barometer der Gefühle**

Herr, du kennst mich, und du hast mich erwählt. Nimm mich also, wie ich bin, und zeige mir, wie du mich haben willst.

Johann Michael Sailer

Wenn ich an unsere Zeit zurückdenke, dann freut mich heute ganz besonders

___

___

___

___

Ich fühle mich heute nicht so gut/gut, weil ___

___

___

___

___

Heute lese ich Ps 73,18–22; Klgl 4,1–5,22; Mt 9,27–38

Ich rufe an/Ich wurde angerufen von ___ und

das hat mich berührt ___

___

___

___

Das Wetter heute   Mein Barometer der Gefühle

Lass meinen Namen weiterhin so leicht über deine Lippen gehen, wie es immer war.

Henry Scott Holland

Wenn ich an unsere Zeit zurückdenke, dann freut mich heute ganz besonders

_____
_____
_____
_____
_____

Ich fühle mich heute nicht so gut/gut, weil _____

_____
_____
_____
_____

Heute lese ich Ps 73,23–28; Est 1,1–2,23; Mt 10,1–26a

Ich rufe an/Ich wurde angerufen von _____ und

das hat mich berührt _____

_____
_____
_____

Das Wetter heute

Mein Barometer der Gefühle

Möglicherweise ist ein Begräbnis unter Menschen ein Hochzeitsfest unter Engeln.

Khalil Gibran

DATUM

Wenn ich an unsere Zeit zurückdenke, dann freut mich heute ganz besonders

_____
_____
_____
_____
_____

Ich fühle mich heute nicht so gut/gut, weil _____

_____
_____
_____
_____

Heute lese ich Ps 74,1–9; Est 3,1–5,14; Mt 10,26b–42

Ich rufe an/Ich wurde angerufen von _____ und

das hat mich berührt _____

_____
_____
_____

Das Wetter heute

Mein Barometer der Gefühle

Gott wird abwischen alle Tränen von ihren Augen, und der Tod wird nicht mehr sein, noch Leid noch Geschrei noch Schmerz wird mehr sein.

Offenbarung 21,4

Wenn ich an unsere Zeit zurückdenke, dann freut mich heute ganz besonders

_____

_____

_____

_____

_____

Ich fühle mich heute nicht so gut/gut, weil _____

_____

_____

_____

_____

Heute lese ich Ps 74,10–17; Est 6,1–8,17; Mt 11,1–19

Ich rufe an/Ich wurde angerufen von _____ und

das hat mich berührt _____

_____

_____

_____

Das Wetter heute   Mein Barometer der Gefühle

Denn was ich gefürchtet habe, ist über mich gekommen, und wovor mir graute, hat mich getroffen.

Hiob 3,25

Wenn ich an unsere Zeit zurückdenke, dann freut mich heute ganz besonders

_____
_____
_____
_____
_____

Ich fühle mich heute nicht so gut/gut, weil _____

_____
_____
_____
_____

Heute lese ich Ps 74,18–23; Est 9,1–10,3; Mt 11,20–30

Ich rufe an/Ich wurde angerufen von _____ und

das hat mich berührt _____

_____
_____
_____

Das Wetter heute   Mein Barometer der Gefühle

Betet füreinander! Mit treuem Beten werden wir alles überwinden!

Huldrich Zwingli

Wenn ich an unsere Zeit zurückdenke, dann freut mich heute ganz besonders

_____
_____
_____
_____
_____

Ich fühle mich heute nicht so gut/gut, weil _____

_____
_____
_____
_____

Heute lese ich Ps 75,1–4; Hiob 1,1–2,13; Mt 12,1–21

Ich rufe an/Ich wurde angerufen von _____ und

das hat mich berührt _____

_____
_____
_____

Das Wetter heute   Mein Barometer der Gefühle

*Was bleibt mir? Freude, Qual, Verlangen? Ich weiß nur dies:
Du gingst – und alles ist vergangen.*

Dietrich Bonhoeffer

DATUM

··

Wenn ich an unsere Zeit zurückdenke, dann freut mich heute ganz besonders

_____

_____

_____

_____

_____

Ich fühle mich heute nicht so gut/gut, weil _____

_____

_____

_____

_____

Heute lese ich Ps 75,5–11; Hiob 3,1–26; Mt 12,22–50

Ich rufe an/Ich wurde angerufen von _____ und

das hat mich berührt _____

_____

_____

_____

··

Das Wetter heute   Mein Barometer der Gefühle

Findet ihr den Trost nicht in der Nähe, so erhebt euch und sucht ihn immer höher.

Jean Paul

Wenn ich an unsere Zeit zurückdenke, dann freut mich heute ganz besonders
___
___
___
___
___

Ich fühle mich heute nicht so gut/gut, weil ___
___
___
___
___

Heute lese ich Ps 76,1–7; Hiob 4,1–5,27; Mt 13,1–23

Ich rufe an/Ich wurde angerufen von ___ und

das hat mich berührt ___
___
___
___

Das Wetter heute

Mein Barometer der Gefühle

Ich hebe meine Augen auf zu den Bergen. Woher kommt mir Hilfe? Meine Hilfe kommt vom Herrn, der Himmel und Erde gemacht hat.

Psalm 121,1.2

Wenn ich an unsere Zeit zurückdenke, dann freut mich heute ganz besonders

_____
_____
_____
_____
_____

Ich fühle mich heute nicht so gut/gut, weil _____

_____
_____
_____
_____

Heute lese ich Ps 76,8–13; Hiob 6,1–7,21; Mt 13,24–58

Ich rufe an/Ich wurde angerufen von _____ und
das hat mich berührt _____

_____
_____
_____

Das Wetter heute

Mein Barometer der Gefühle

Es sollen ein Gebet die Worte nicht allein, es sollen ein Gebet auch die Gedanken sein.

Friedrich Rückert

Wenn ich an unsere Zeit zurückdenke, dann freut mich heute ganz besonders

_____
_____
_____
_____
_____

Ich fühle mich heute nicht so gut/gut, weil _____

_____
_____
_____
_____

Heute lese ich Ps 77,1–5; Hiob 8,1–22; Mt 14,1–21

Ich rufe an/Ich wurde angerufen von _____ und

das hat mich berührt _____

_____
_____
_____

Das Wetter heute

Mein Barometer der Gefühle

Ach, schrittest du durch den Garten noch einmal in raschem Gang, wie gerne wollt ich warten, warten stundenlang.

Theodor Fontane

DATUM

Wenn ich an unsere Zeit zurückdenke, dann freut mich heute ganz besonders

_____
_____
_____
_____
_____

Ich fühle mich heute nicht so gut/gut, weil _____
_____
_____
_____

Heute lese ich Ps 77,6–16; Hiob 9,1–10,22; Mt 14,22–36

Ich rufe an/Ich wurde angerufen von _____ und

das hat mich berührt _____
_____
_____
_____

Das Wetter heute

Mein Barometer der Gefühle

DATUM

Die Erinnerung ist das einzige Paradies, woraus wir nicht vertrieben werden können.

Jean Paul

Wenn ich an unsere Zeit zurückdenke, dann freut mich heute ganz besonders

_____
_____
_____
_____
_____

Ich fühle mich heute nicht so gut/gut, weil _____

_____
_____
_____
_____

Heute lese ich Ps 77,17–21; Hiob 11,1–20; Mt 15,1–20

Ich rufe an/Ich wurde angerufen von _____ und

das hat mich berührt _____

_____
_____
_____

Das Wetter heute

Mein Barometer der Gefühle

Der Tod ist eine zeitliche Trennung. Wir alle sollen wieder miteinander vereint sein, und zwar für immer, dort wo es besser ist als hier und wo ewige Freude sein wird.

Papst Johannes XXIII.

DATUM

Wenn ich an unsere Zeit zurückdenke, dann freut mich heute ganz besonders

_____
_____
_____
_____
_____

Ich fühle mich heute nicht so gut/gut, weil _____

_____
_____
_____
_____

Heute lese ich Ps 78,1–4; Hiob 12,1–14,22; Mt 15,21–39

Ich rufe an/Ich wurde angerufen von _____ und

das hat mich berührt _____

_____
_____
_____

Das Wetter heute   Mein Barometer der Gefühle

Ein Leben ist kein Licht, ein Licht kann ich wieder anzünden; das Leben ist eine Flamme Gottes, einmal lässt er sie auch brennen auf Erden, dann nicht wieder.

Jeremias Gotthelf

Wenn ich an unsere Zeit zurückdenke, dann freut mich heute ganz besonders
_____
_____
_____
_____
_____

Ich fühle mich heute nicht so gut/gut, weil _____
_____
_____
_____
_____

Heute lese ich Ps 78,5–11; Hiob 15,1–35; Mt 16,1–12

Ich rufe an/Ich wurde angerufen von _____ und

das hat mich berührt _____
_____
_____
_____

Das Wetter heute   Mein Barometer der Gefühle

Leben nach Sterben, völliges Heil ist der Erlösten herrliches Teil.
Johanna Meyer

Wenn ich an unsere Zeit zurückdenke, dann freut mich heute ganz besonders
_____
_____
_____
_____
_____

Ich fühle mich heute nicht so gut/gut, weil _____
_____
_____
_____
_____

Heute lese ich Ps 78,12–22; Hiob 16,1–17,16; Mt 16,13–28

Ich rufe an/Ich wurde angerufen von _____ und

das hat mich berührt _____
_____
_____
_____

Das Wetter heute

Mein Barometer der Gefühle

Schon ein ganz kleines Lied kann viel Dunkel erhellen.

Franz von Assisi

Wenn ich an unsere Zeit zurückdenke, dann freut mich heute ganz besonders

_____

_____

_____

_____

Ich fühle mich heute nicht so gut/gut, weil _____

_____

_____

_____

_____

Heute lese ich Ps 78,23–31; Hiob 18,1–19,29; Mt 17,1–21

Ich rufe an/Ich wurde angerufen von _____ und

das hat mich berührt _____

_____

_____

_____

Das Wetter heute   Mein Barometer der Gefühle

Jesus musste erleben, wie die Leiden sind, als er in Gethsemane kämpfte und am Kreuze hing. Darum kann er uns so gut verstehen!
Ernst Streckeisen

Wenn ich an unsere Zeit zurückdenke, dann freut mich heute ganz besonders

_____
_____
_____
_____
_____

Ich fühle mich heute nicht so gut/gut, weil _____

_____
_____
_____
_____

Heute lese ich Ps 78,32–39; Hiob 20,1–21,34; Mt 17,22–18,14

Ich rufe an/Ich wurde angerufen von _____ und

das hat mich berührt _____

_____
_____
_____

Das Wetter heute

Mein Barometer der Gefühle

Ich bin die Auferstehung und das Leben. Wer an mich glaubt, der wird leben, auch wenn er stirbt.

Johannes 11,25

Wenn ich an unsere Zeit zurückdenke, dann freut mich heute ganz besonders

_____
_____
_____
_____
_____

Ich fühle mich heute nicht so gut/gut, weil _____

_____
_____
_____
_____

Heute lese ich Ps 78,40–51; Hiob 22,1–30; Mt 18,15–35

Ich rufe an/Ich wurde angerufen von _____ und

das hat mich berührt _____

_____
_____
_____

Das Wetter heute   Mein Barometer der Gefühle

Der Verstand kann uns sagen, was wir unterlassen sollen. Aber das Herz kann uns sagen, was wir tun müssen.

Joseph Joubert

DATUM

Wenn ich an unsere Zeit zurückdenke, dann freut mich heute ganz besonders
_____
_____
_____
_____
_____

Ich fühle mich heute nicht so gut/gut, weil _____
_____
_____
_____

Heute lese ich Ps 78,52–55; Hiob 23,1–24,25; Mt 19,1–15

Ich rufe an/Ich wurde angerufen von _____ und

das hat mich berührt _____
_____
_____
_____

Das Wetter heute

Mein Barometer der Gefühle

Lasst uns also unsere Toten, unsere Lebendigen nicht vergessen. Unsere Liebe zu ihnen, unsere Treue zu ihnen sei der Beweis unseres Glaubens an ihn, den Gott des ewigen Lebens.

Karl Rahner

Wenn ich an unsere Zeit zurückdenke, dann freut mich heute ganz besonders
___
___
___
___
___

Ich fühle mich heute nicht so gut/gut, weil ___
___
___
___
___

Heute lese ich Ps 78,56–64; Hiob 25,1–27,23; Mt 19,16–30

Ich rufe an/Ich wurde angerufen von ___ und

das hat mich berührt ___
___
___
___

Das Wetter heute   Mein Barometer der Gefühle

*Des Nächsten Leid zu lindern hilft einem,
das eigene zu vergessen.*

Abraham Lincoln

Wenn ich an unsere Zeit zurückdenke, dann freut mich heute ganz besonders

_____

_____

_____

_____

Ich fühle mich heute nicht so gut/gut, weil _____

_____

_____

_____

_____

Heute lese ich Ps 78,65–72; Hiob 28,1–28; Mt 20,1–34

Ich rufe an/Ich wurde angerufen von _____ und

das hat mich berührt _____

_____

_____

Das Wetter heute

Mein Barometer der Gefühle

Der Glaube ist nimmermehr stärker und herrlicher denn wenn die Trübsal und Anfechtung am größten sind.

Martin Luther

Wenn ich an unsere Zeit zurückdenke, dann freut mich heute ganz besonders

___

___

___

___

___

Ich fühle mich heute nicht so gut/gut, weil ___

___

___

___

___

Heute lese ich Ps 79,1–8; Hiob 29,1–30,31; Mt 21,1–22

Ich rufe an/Ich wurde angerufen von ___ und das hat mich berührt ___

___

___

___

Das Wetter heute

Mein Barometer der Gefühle

Wer beten kann, ist selig dran!
   Philipp Melanchthon

Wenn ich an unsere Zeit zurückdenke, dann freut mich heute ganz besonders

_____
_____
_____
_____
_____

Ich fühle mich heute nicht so gut/gut, weil _____

_____
_____
_____
_____

Heute lese ich Ps 79,9–13; Hiob 31,1–40; Mt 21,23–46

Ich rufe an/Ich wurde angerufen von _____ und

das hat mich berührt _____

_____
_____
_____

Das Wetter heute   Mein Barometer der Gefühle

DATUM *Ich verstehe deine Wege nicht, aber du weißt den Weg für mich.*
Dietrich Bonhoeffer

Wenn ich an unsere Zeit zurückdenke, dann freut mich heute ganz besonders
_____
_____
_____
_____

Ich fühle mich heute nicht so gut/gut, weil _____
_____
_____
_____

Heute lese ich Ps 80,1–8; Hiob 32,1–34,37; Mt 22,1–22

Ich rufe an/Ich wurde angerufen von _____ und

das hat mich berührt _____
_____
_____

Das Wetter heute   Mein Barometer der Gefühle

Auch der dunkelste Brunnen spiegelt das Licht der Sterne.
Aus Bulgarien

Wenn ich an unsere Zeit zurückdenke, dann freut mich heute ganz besonders
_____
_____
_____
_____
_____

Ich fühle mich heute nicht so gut/gut, weil _____
_____
_____
_____
_____

Heute lese ich Ps 80,9–20; Hiob 35,1–37,24; Mt 22,23–46

Ich rufe an/Ich wurde angerufen von _____ und
das hat mich berührt _____
_____
_____
_____

Das Wetter heute

Mein Barometer der Gefühle

Es bindet gleicher Schmerz wie gleiches Blut, und Trauernde sind überall verwandt.

Franz Grillparzer

Wenn ich an unsere Zeit zurückdenke, dann freut mich heute ganz besonders
___
___
___
___
___

Ich fühle mich heute nicht so gut/gut, weil ___
___
___
___
___

Heute lese ich Ps 81,1–8; Hiob 38,1–39,30; Mt 23,1–39

Ich rufe an/Ich wurde angerufen von ___ und das hat mich berührt ___
___
___
___

Das Wetter heute

Mein Barometer der Gefühle

Wer nicht will Unterdrückung und Tiefe leiden, wird Gott nie erfahren und ihn darum nie loben können.

Martin Luther

Wenn ich an unsere Zeit zurückdenke, dann freut mich heute ganz besonders

_____
_____
_____
_____
_____

Ich fühle mich heute nicht so gut/gut, weil _____

_____
_____
_____
_____

Heute lese ich Ps 81,9–17; Hiob 40,1–42,17; Mt 24,1–28

Ich rufe an/Ich wurde angerufen von _____ und

das hat mich berührt _____

_____
_____
_____

Das Wetter heute

Mein Barometer der Gefühle

DATUM

Sei getreu bis an den Tod, so will ich dir die Krone des Lebens geben.

Offenbarung 2,10

Wenn ich an unsere Zeit zurückdenke, dann freut mich heute ganz besonders

_____
_____
_____
_____

Ich fühle mich heute nicht so gut/gut, weil _____

_____
_____
_____
_____

Heute lese ich Ps 82,1–8; Dan 1,1–21; Mt 24,29–51

Ich rufe an/Ich wurde angerufen von _____ und

das hat mich berührt _____

_____
_____
_____

Das Wetter heute  Mein Barometer der Gefühle

Wir trennen uns nur, um inniger einig zu sein, göttlicher friedlich mit allem, mit uns. Wir sterben, um zu leben.

Friedrich Hölderlin

DATUM

Wenn ich an unsere Zeit zurückdenke, dann freut mich heute ganz besonders

_____

_____

_____

_____

_____

Ich fühle mich heute nicht so gut/gut, weil _____

_____

_____

_____

_____

Heute lese ich Ps 83,1–13; Dan 2,1–49; Mt 25,1–30

Ich rufe an/Ich wurde angerufen von _____ und

das hat mich berührt _____

_____

_____

_____

Das Wetter heute   Mein Barometer der Gefühle

Wer nichts getragen, lernt nichts ertragen.
Jean Paul

Wenn ich an unsere Zeit zurückdenke, dann freut mich heute ganz besonders
_____
_____
_____
_____
_____

Ich fühle mich heute nicht so gut/gut, weil _____
_____
_____
_____
_____

Heute lese ich Ps 83,14–19; Dan 3,1–4,34; Mt 25,31–46

Ich rufe an/Ich wurde angerufen von _____ und

das hat mich berührt _____
_____
_____
_____

Das Wetter heute   Mein Barometer der Gefühle

Die Kunst des Tröstens lernt man nur in der Schule des Leids.
Otto von Leixner

Wenn ich an unsere Zeit zurückdenke, dann freut mich heute ganz besonders
_____
_____
_____
_____
_____

Ich fühle mich heute nicht so gut/gut, weil _____
_____
_____
_____
_____

Heute lese ich Ps 42,1–6; Dan 5,1–6,29; Mt 26,1–35

Ich rufe an/Ich wurde angerufen von _____ und

das hat mich berührt _____
_____
_____
_____

Das Wetter heute   Mein Barometer der Gefühle

Was ist denn unser Glaube und unsere Frömmigkeit wert, wenn wir jetzt im Leid nicht ein wenig auf den Herrn vertrauen!

Papst Johannes XXIII.

Wenn ich an unsere Zeit zurückdenke, dann freut mich heute ganz besonders

_____
_____
_____
_____
_____

Ich fühle mich heute nicht so gut/gut, weil _____

_____
_____
_____
_____

Heute lese ich Ps 42,7–12; Dan 7,1–8,27; Mt 26,36–75

Ich rufe an/Ich wurde angerufen von _____ und

das hat mich berührt _____

_____
_____
_____

Das Wetter heute

Mein Barometer der Gefühle

Nach deiner Gnad steht mein Begehr, zu mir dich kehr', denn außer dir ist Hilf nicht mehr.

Huldrich Zwingli

DATUM

Wenn ich an unsere Zeit zurückdenke, dann freut mich heute ganz besonders

_____
_____
_____
_____
_____

Ich fühle mich heute nicht so gut/gut, weil _____

_____
_____
_____
_____

Heute lese ich Ps 43,1–5; Dan 9,1–27; Mt 27,1–30

Ich rufe an/Ich wurde angerufen von _____ und

das hat mich berührt _____
_____
_____
_____

Das Wetter heute   Mein Barometer der Gefühle

Denn Christus ist mein Leben und Sterben ist mein Gewinn.
Philipper 1,21

Wenn ich an unsere Zeit zurückdenke, dann freut mich heute ganz besonders

_____
_____
_____
_____
_____

Ich fühle mich heute nicht so gut/gut, weil _____

_____
_____
_____
_____

Heute lese ich Ps 22,1–19; Dan 10,1–12,13; Mt 27,31–66

Ich rufe an/Ich wurde angerufen von _____ und

das hat mich berührt _____
_____
_____
_____

Das Wetter heute

Mein Barometer der Gefühle

Wenn auch die Menschen sterblich sind, die ich liebe, so ist doch das unsterblich, was ich an ihnen vor allem liebe.

Franz von Sales

DATUM

Wenn ich an unsere Zeit zurückdenke, dann freut mich heute ganz besonders

_____
_____
_____
_____
_____

Ich fühle mich heute nicht so gut/gut, weil _____

_____
_____
_____
_____

Heute lese ich Ps 22,20–25; Hos 1,1–3,5; Mt 28,1–20

Ich rufe an/Ich wurde angerufen von _____ und

das hat mich berührt _____

_____
_____
_____

Das Wetter heute   Mein Barometer der Gefühle

DATUM	*Mit dir, o Herr, verbunden fühl ich mich nie allein.*

Johanna Meyer

Wenn ich an unsere Zeit zurückdenke, dann freut mich heute ganz besonders

_____

_____

_____

_____

_____

Ich fühle mich heute nicht so gut/gut, weil _____

_____

_____

_____

_____

Heute lese ich Ps 22,26–32; Hos 4,1–6,6; Kol 1,1–23

Ich rufe an/Ich wurde angerufen von _____ und

das hat mich berührt _____

_____

_____

_____

Das Wetter heute   Mein Barometer der Gefühle

Als ich den Herrn suchte, antwortete er mir und errettete mich aus aller meiner Furcht.

Psalm 34,5

DATUM

Wenn ich an unsere Zeit zurückdenke, dann freut mich heute ganz besonders
_____
_____
_____
_____
_____

Ich fühle mich heute nicht so gut/gut, weil _____
_____
_____
_____
_____

Heute lese ich Ps 84,1–5; Hos 6,7–8,14; Kol 1,24–2,23

Ich rufe an/Ich wurde angerufen von _____ und

das hat mich berührt _____
_____
_____
_____

Das Wetter heute   Mein Barometer der Gefühle

DATUM

Wer ist mein Nächster? Es ist immer der, dessen Not mein Herz rührt!

Richard Fehr

Wenn ich an unsere Zeit zurückdenke, dann freut mich heute ganz besonders

___
___
___
___
___

Ich fühle mich heute nicht so gut/gut, weil ___
___
___
___
___

Heute lese ich Ps 84,6–13; Hos 9,1–10,15; Kol 3,1–17

Ich rufe an/Ich wurde angerufen von ___ und das hat mich berührt ___
___
___
___

Das Wetter heute   Mein Barometer der Gefühle

Denn Gott der Herr ist Sonne und Schild.
Psalm 84,12

Wenn ich an unsere Zeit zurückdenke, dann freut mich heute ganz besonders
_____
_____
_____
_____
_____

Ich fühle mich heute nicht so gut/gut, weil _____
_____
_____
_____
_____

Heute lese ich Ps 85,1–8; Hos 11,1–12,15; Kol 3,18–4,18

Ich rufe an/Ich wurde angerufen von _____ und

das hat mich berührt _____
_____
_____
_____

Das Wetter heute

Mein Barometer der Gefühle

Bei wahrem Leid schlägt kein Worttrost an, aber das Kommen, das Nichtverlassensein erhebt, und ein einziger Blick, aus dem Liebe spricht, gibt der Seele Kraft.

Jeremias Gotthelf

Wenn ich an unsere Zeit zurückdenke, dann freut mich heute ganz besonders
___
___
___
___
___

Ich fühle mich heute nicht so gut/gut, weil ___
___
___
___
___

Heute lese ich Ps 85,9–14; Hos 13,1–14,10; Offb 1,1–20

Ich rufe an/Ich wurde angerufen von ___ und

das hat mich berührt ___
___
___
___

Das Wetter heute   Mein Barometer der Gefühle

Wenn wir unserem Herrn treu bleiben, gibt es ein Wiedersehen mit allen Lieben.

Richard Fehr

DATUM

Wenn ich an unsere Zeit zurückdenke, dann freut mich heute ganz besonders

_____
_____
_____
_____
_____

Ich fühle mich heute nicht so gut/gut, weil _____
_____
_____
_____
_____

Heute lese ich Ps 86,1–10; Joel 1,1–2,27; Offb 2,1–29

Ich rufe an/Ich wurde angerufen von _____ und

das hat mich berührt _____
_____
_____

Das Wetter heute

Mein Barometer der Gefühle

Jeder geliebte Gegenstand ist der Mittelpunkt eines Paradieses.
Novalis

Wenn ich an unsere Zeit zurückdenke, dann freut mich heute ganz besonders

_____
_____
_____
_____
_____

Ich fühle mich heute nicht so gut/gut, weil _____
_____
_____
_____
_____

Heute lese ich Ps 86,11–13; Joel 3,1–4,21; Offb 3,1–22

Ich rufe an/Ich wurde angerufen von _____ und

das hat mich berührt _____
_____
_____
_____

Das Wetter heute   Mein Barometer der Gefühle

Wir wissen aber, dass denen, die Gott lieben, alle Dinge zum Besten dienen, denen, die nach seinem Ratschluss berufen sind.

Römer 8,28

 DATUM

Wenn ich an unsere Zeit zurückdenke, dann freut mich heute ganz besonders
_____
_____
_____
_____
_____

Ich fühle mich heute nicht so gut/gut, weil _____
_____
_____
_____
_____

Heute lese ich Ps 86,14–17; Am 1,1–2,16; Offb 4,1–11

Ich rufe an/Ich wurde angerufen von _____ und

das hat mich berührt _____
_____
_____
_____

Das Wetter heute Mein Barometer der Gefühle

Der wichtigste Ort ist immer der, an dem du dich gerade befindest; die wichtigste Tat, die du im Augenblick vorhast, und der wichtigste Mensch, der dir gerade gegenüber steht und dich braucht.

Russische Weisheit

Wenn ich an unsere Zeit zurückdenke, dann freut mich heute ganz besonders
_____
_____
_____
_____
_____

Ich fühle mich heute nicht so gut/gut, weil _____
_____
_____
_____
_____

Heute lese ich Ps 87,1–7; Am 3,1–4,13; Offb 5,1–14

Ich rufe an/Ich wurde angerufen von _____ und

das hat mich berührt _____
_____
_____
_____

Das Wetter heute   Mein Barometer der Gefühle

Denn wie das Gold durchs Feuer, so werden auch, die Gott gefallen, durchs Feuer der Trübsal erprobt.

Sirach 2,5

Wenn ich an unsere Zeit zurückdenke, dann freut mich heute ganz besonders
___
___
___
___
___

Ich fühle mich heute nicht so gut/gut, weil ___
___
___
___
___

Heute lese ich Ps 88,1–8; Am 5,1–6,14; Offb 6,1–17

Ich rufe an/Ich wurde angerufen von ___ und

das hat mich berührt ___
___
___
___

Das Wetter heute

Mein Barometer der Gefühle

Es gibt nur ein Mittel, sich wohl zu fühlen: man muss lernen mit dem Gegebenen zufrieden zu sein und nicht immer das verlangen, was gerade fehlt.

Theodor Fontane

Wenn ich an unsere Zeit zurückdenke, dann freut mich heute ganz besonders

_____
_____
_____
_____
_____

Ich fühle mich heute nicht so gut/gut, weil _____

_____
_____
_____
_____

Heute lese ich Ps 88,9–19; Am 7,1–9,15; Offb 7,1–17

Ich rufe an/Ich wurde angerufen von _____ und

das hat mich berührt _____

_____
_____
_____

Das Wetter heute   Mein Barometer der Gefühle

Man trägt das vergangene Schöne nicht wie einen Stachel, sondern wie ein kostbares Geschenk in sich.

Dietrich Bonhoeffer

DATUM

Wenn ich an unsere Zeit zurückdenke, dann freut mich heute ganz besonders

_____
_____
_____
_____
_____

Ich fühle mich heute nicht so gut/gut, weil _____

_____
_____
_____
_____

Heute lese ich Ps 89,1–6; Obd 1,1–21; Offb 8,1–9,21

Ich rufe an/Ich wurde angerufen von _____ und

das hat mich berührt _____

_____
_____
_____

Das Wetter heute   Mein Barometer der Gefühle

Wenn die Gnade Gottes über ein Menschenherz hereinbricht, dann wird es stark genug für alles.

Thomas von Aquin

Wenn ich an unsere Zeit zurückdenke, dann freut mich heute ganz besonders

___

___

___

___

___

Ich fühle mich heute nicht so gut/gut, weil ___

___

___

___

___

Heute lese ich Ps 89,7–15; Jona 1,1–4,11; Offb 10,1–11

Ich rufe an/Ich wurde angerufen von ___ und

das hat mich berührt ___

___

___

___

Das Wetter heute   Mein Barometer der Gefühle

Die Liebe wird auch im künftigen Leben bleiben.
                                    Martin Luther

Wenn ich an unsere Zeit zurückdenke, dann freut mich heute ganz besonders

_____

_____

_____

_____

_____

Ich fühle mich heute nicht so gut/gut, weil _____

_____

_____

_____

_____

Heute lese ich Ps 89,16–19; Mi 1,1–3,12; Offb 11,1–14

Ich rufe an/Ich wurde angerufen von _____ und

das hat mich berührt _____

_____

_____

_____

Das Wetter heute   Mein Barometer der Gefühle

Die Summe unseres Lebens sind die Stunden, in denen wir liebten.
Wilhelm Busch

Wenn ich an unsere Zeit zurückdenke, dann freut mich heute ganz besonders

_____
_____
_____
_____
_____

Ich fühle mich heute nicht so gut/gut, weil _____

_____
_____
_____
_____

Heute lese ich Ps 89,20–25; Mi 4,1–5,14; Offb 11,15–19

Ich rufe an/Ich wurde angerufen von _____ und

das hat mich berührt _____

_____
_____
_____

Das Wetter heute   Mein Barometer der Gefühle

Und wir haben erkannt und geglaubt die Liebe, die Gott zu uns hat. Gott ist die Liebe; und wer in der Liebe bleibt, der bleibt in Gott und Gott in ihm.

1. Johannes 4,16

Wenn ich an unsere Zeit zurückdenke, dann freut mich heute ganz besonders

_____
_____
_____
_____
_____

Ich fühle mich heute nicht so gut/gut, weil _____

_____
_____
_____
_____

Heute lese ich Ps 89,26–30; Mi 6,1–7,20; Offb 12,1–18

Ich rufe an/Ich wurde angerufen von _____ und

das hat mich berührt _____

_____
_____
_____

Das Wetter heute   Mein Barometer der Gefühle

DATUM

Was für eine Gnade ist es, die wiedersehen zu dürfen, die man hier auf Erden geliebt hat.

Wilhelm Leber

Wenn ich an unsere Zeit zurückdenke, dann freut mich heute ganz besonders
_____
_____
_____
_____
_____

Ich fühle mich heute nicht so gut/gut, weil _____
_____
_____
_____
_____

Heute lese ich Ps 89,31–38; Nah 1,1–3,19; Offb 13,1–18

Ich rufe an/Ich wurde angerufen von _____ und
das hat mich berührt _____
_____
_____
_____

Das Wetter heute   Mein Barometer der Gefühle

Es ist etwas Großes, sich immer bereit zu halten. Was ist denn das Leben für den, der mit den himmlischen Dingen vertraut ist? Es ist ein Warten und nichts weiter.

Papst Johannes XXIII.

 DATUM

Wenn ich an unsere Zeit zurückdenke, dann freut mich heute ganz besonders

_____
_____
_____
_____
_____

Ich fühle mich heute nicht so gut/gut, weil _____

_____
_____
_____
_____

Heute lese ich Ps 89,39–46; Hab 1,1–3,19; Offb 14,1–5

Ich rufe an/Ich wurde angerufen von _____ und

das hat mich berührt _____

_____
_____
_____

Das Wetter heute   Mein Barometer der Gefühle

Das Herz gibt allem, was der Mensch sieht und hört und weiß, die Farbe.

Johann H. Pestalozzi

Wenn ich an unsere Zeit zurückdenke, dann freut mich heute ganz besonders

_____
_____
_____
_____
_____

Ich fühle mich heute nicht so gut/gut, weil _____

_____
_____
_____
_____

Heute lese ich Ps 89,47–53; Zef 1,1–3,20; Offb 14,6–13

Ich rufe an/Ich wurde angerufen von _____ und

das hat mich berührt _____

_____
_____
_____

Das Wetter heute   Mein Barometer der Gefühle

Wer Christus hat, hat genug.
                Martin Luther

Wenn ich an unsere Zeit zurückdenke, dann freut mich heute ganz besonders

_____
_____
_____
_____

Ich fühle mich heute nicht so gut/gut, weil _____

_____
_____
_____

Heute lese ich Ps 146,1–4; Hag 1,1–2,23; Offb 14,14–20

Ich rufe an/Ich wurde angerufen von _____ und

das hat mich berührt _____

_____
_____

Das Wetter heute   Mein Barometer der Gefühle

Des Lebens Ruf an uns wird niemals enden ... Wohlan denn, Herz, nimm Abschied und gesunde.

Hermann Hesse

Wenn ich an unsere Zeit zurückdenke, dann freut mich heute ganz besonders

_____
_____
_____
_____
_____

Ich fühle mich heute nicht so gut/gut, weil _____

_____
_____
_____
_____

Heute lese ich Ps 146,5–10; Sach 1,1–2,17; Offb 15,1–4

Ich rufe an/Ich wurde angerufen von _____ und

das hat mich berührt _____

_____
_____
_____

Das Wetter heute   Mein Barometer der Gefühle

Wenn man den Glauben hat, denkt man, dass unsere lieben Verstorbenen unseren Augen zwar weit entrückt, unserem Geist jedoch näher sind als je.

Papst Johannes XXIII.

DATUM

Wenn ich an unsere Zeit zurückdenke, dann freut mich heute ganz besonders

_____
_____
_____
_____
_____

Ich fühle mich heute nicht so gut/gut, weil _____

_____
_____
_____
_____

Heute lese ich Ps 147,1–6; Sach 3,1–5,11; Offb 15,5–16,21

Ich rufe an/Ich wurde angerufen von _____ und

das hat mich berührt _____

_____
_____
_____

Das Wetter heute   Mein Barometer der Gefühle

Vieles gerät in Vergessenheit. Aber was man erlebt hat, was man gefühlt hat, das bleibt.

Wilhelm Leber

Wenn ich an unsere Zeit zurückdenke, dann freut mich heute ganz besonders

_____
_____
_____
_____

Ich fühle mich heute nicht so gut/gut, weil _____

_____
_____
_____
_____

Heute lese ich Ps 147,7–11; Sach 6,1–7,14; Offb 17,1–18

Ich rufe an/Ich wurde angerufen von _____ und

das hat mich berührt _____
_____
_____

Das Wetter heute   Mein Barometer der Gefühle

Schließe mir die Augen beide mit den lieben Händen zu!
Geht doch alles, was ich leide, unter deiner Hand zur Ruh.

Theodor Storm

DATUM

Wenn ich an unsere Zeit zurückdenke, dann freut mich heute ganz besonders
_____
_____
_____
_____
_____
_____

Ich fühle mich heute nicht so gut/gut, weil _____
_____
_____
_____
_____

Heute lese ich Ps 147,12–20; Sach 8,1–9,17; Offb 18,1–24

Ich rufe an/Ich wurde angerufen von _____ und

das hat mich berührt _____
_____
_____
_____

Das Wetter heute   Mein Barometer der Gefühle

Keine Seele, die wir in die Ewigkeit abgeben müssen und die von Christi Geist erfüllt ist, ist verloren.

Richard Fehr

Wenn ich an unsere Zeit zurückdenke, dann freut mich heute ganz besonders

_____
_____
_____
_____
_____

Ich fühle mich heute nicht so gut/gut, weil _____
_____
_____
_____
_____

Heute lese ich Ps 148,1–6; Sach 10,1–12,14; Offb 19,1–16

Ich rufe an/Ich wurde angerufen von _____ und das hat mich berührt _____
_____
_____
_____

Das Wetter heute   Mein Barometer der Gefühle

Selig sind die Toten, die in dem Herrn sterben von nun an. Ja, spricht der Geist, sie sollen ruhen von ihrer Mühsal; denn ihre Werke folgen ihnen nach.

Offenbarung 14,13

DATUM

Wenn ich an unsere Zeit zurückdenke, dann freut mich heute ganz besonders

_____

_____

_____

_____

_____

Ich fühle mich heute nicht so gut/gut, weil _____

_____

_____

_____

_____

Heute lese ich Ps 148,7–14; Sach 13,1–14,21; Offb 20,1–15

Ich rufe an/Ich wurde angerufen von _____ und

das hat mich berührt _____

_____

_____

_____

Das Wetter heute

Mein Barometer der Gefühle

Von guten Mächten wunderbar geborgen, erwarten wir getrost, was kommen mag. Gott ist bei uns am Abend und am Morgen, und ganz gewiss an jedem neuen Tag.

Dietrich Bonhoeffer

Wenn ich an unsere Zeit zurückdenke, dann freut mich heute ganz besonders

_____
_____
_____
_____
_____

Ich fühle mich heute nicht so gut/gut, weil _____

_____
_____
_____
_____

Heute lese ich Ps 149,1–9; Mal 1,1–2,16; Offb 21,1–22,5

Ich rufe an/Ich wurde angerufen von _____ und

das hat mich berührt _____

_____
_____
_____

Das Wetter heute   Mein Barometer der Gefühle

Und das ist die Verheißung, die er uns verheißen hat: das ewige Leben.

1. Johannes 2,25

DATUM

Wenn ich an unsere Zeit zurückdenke, dann freut mich heute ganz besonders

_____
_____
_____
_____
_____

Ich fühle mich heute nicht so gut/gut, weil _____

_____
_____
_____
_____

Heute lese ich Ps 150,1–6; Mal 2,17–3,24; Offb 22,6–21

Ich rufe an/Ich wurde angerufen von _____ und

das hat mich berührt _____

_____
_____
_____

Das Wetter heute

Mein Barometer der Gefühle

Quellenverzeichnis

Karl Barth, Durch das Leid hindurch …, aus: Karl Barth Gesamtausgabe. Predigten 1914 (GA I.5). Editor: Ursula & Fähler, Jochen, Theologischer Verlag Zürich. 1999 © Theologischer Verlag Zürich

Dietrich Bonhoeffer, Lass uns jeden Morgen spüren …, Gott, zu dir rufe ich …, Wir müssen bereit sein …, Die Dankbarkeit verwandelt …, Gib mir die Hoffnung …, Je schöner und voller …, Was bleibt mir? …, Ich verstehe deine Wege nicht … Man trägt das vergangene Schöne …, Von guten Mächten …, erschienen in: Dietrich Bonhoeffer, Widerstand und Ergebung © 1998, Gütersloher Verlagshaus, Gütersloh, in der Verlagsgruppe Random House GmbH

Phil Bosmans, Trost ist …, aus: Phil Bosmans, Vergiss die Freude nicht. Übersetzt und bearbeitet von Ulrich Schütz, © Verlag Herder GmbH, Freiburg i. Br. 2014

Jorgos Canacakis, Trauer ist die Möglichkeit … © Jorgos Canacakis, Essen

Hans Carossa, Was einer ist …, aus: Hans Carossa, Sämtliche Werke, Band 1, Insel-Verlag 1962, © Dr. h.c. Eva Kampmann-Carossa

Dag Hammerskjöld, Für alles, was war – danke! …, aus: Dag Hammerskjöld, Zeichen am Weg, Verlag Urachhaus, ISBN 978-3-8251-7770

Hermann Hesse, Des Lebens Ruf …, aus: Hermann Hesse, Stufen. Alte und neue Gedichte. Frankfurt/M.: Suhrkamp 1961, S. 199, © Suhrkamp Verlag Frankfurt am Main 2002. Alle Rechte bei und vorbehalten durch Suhrkamp Verlag Berlin.

Hermann Hesse, Einschlafen dürfen …, aus: Hermann Hesse, Das Glasperlenspiel. Frankfurt/M.: Suhrkamp 1967, S. 572, © Suhrkamp Verlag Frankfurt am Main 2001. Alle Rechte bei und vorbehalten durch Suhrkamp Verlag Berlin.

Hermann Hesse, Man muss durch das Leid …, aus: Hermann Hesse, Die Hölle ist überwindbar. Gesammelte Werke. Suhrkamp Verlag, 1970, © Suhrkamp Verlag Frankfurt am Main 1986. Alle Rechte bei und vorbehalten durch Suhrkamp Verlag Berlin.

Papst Johannes XXIII., Unsere Toten …, Die größte Krankheit ist …, Wie groß wird die Freude …, Wir leben Tag für Tag …, Der Herr vereint …, Der Tod ist …, Was ist denn unser Glaube …, Es ist etwas Großes …, Wenn man den Glauben hat … aus: Johannes XXIII., Weisheit eines weiten Herzens, Herder 2000. © Verlag Herder GmbH, Freiburg i. Br. 2001

Martin Luther King, Gott kann das dunkle Gestern …, aus: Martin Luther King, Ein Traum lebt weiter, Gütersloh 1986,111 © Gütersloher Verlagshaus, Gütersloh, in der Verlagsgruppe Random House GmbH

Ernst Modersohn, Gott kennt dein Gestern …, aus: Band 57/58 der Sammlung „Zeugen des gegenwärtigen Gottes", Hans Bruns, Ernst Modersohn. Ein auserwähltes Werkzeug Gottes. Nach seiner Selbstbiographie und anderen Schriften zusammengestellt. Brunnen-Verlag Gießen und Basel 1953 (?), © Brunnen Verlag, Gießen

Arno Pötzsch, Es münden alle Pfade …, Du kannst nicht tiefer fallen …, Wir sind von Gott umgeben. Aus dem Gedicht „Unverloren/Du kannst nicht tiefer fallen" in: Arno Pötzsch, Im Licht der Ewigkeit. Geistliche Lieder und Gedichte. Gesamtausgabe. Leinfelden-Echterdingen: Verlag Junge Gemeinde (2008).

Karl Rahner, Wir tragen nicht mehr …, Wer wirklich geliebt hat …, Lasst uns also unsere Toten …, aus: Karl Rahner, Das große Kirchenjahr. Geistliche Texte. Hrsg. von Albert Raffelt © Verlag Herder GmbH, Freiburg i. Br. 1992

Albert Schweitzer, Was ein Mensch …, aus: Albert Schweitzer, Aus meiner Kindheit und Jugendzeit. © Verlag C.H.Beck. München

Karl Heinrich Waggerl, Wir sterben viele Tode …, aus: Karl-Heinrich Waggerl, Mütter, Insel-Verlag Leipzig 1943, © Insel Verlag Wiesbaden 1951. Alle Rechte bei und vorbehalten durch Insel Verlag Berlin.

Thornton Wilder, Da ist ein Land der Lebenden …, aus: Thornton Wilder, Die Brücke von San Luis Rey. Übersetzt von Herbert E. Herlitschka. Frankfurt/M. und Hamburg 1955, S. 194, © S. Fischer Verlag GmbH, Frankfurt am Main 1951

Bibelleseplan: © Deutsche Bibelgesellschaft, Stuttgart